UNIVERSITÉ DE FRANCE.

ACADÉMIE DE STRASBOURG.

DISSERTATIONS

SUR

1° La puissance paternelle, d'après les principes du Droit romain;

2° Les effets du Droit de suite en matière hypothécaire, d'après les principes du Code Napoléon;

SOUTENUES PUBLIQUEMENT

DEVANT LA FACULTÉ DE DROIT DE STRASBOURG,

LE SAMEDI 22 JUILLET 1854, A MIDI,

POUR OBTENIR LE GRADE DE DOCTEUR,

PAR

EUGÈNE LEDERLIN,
AVOCAT,
de Strasbourg (Bas-Rhin).

STRASBOURG,
IMPRIMERIE HUDER, RUE DES VEAUX, 27.
1854.

UNIVERSITÉ DE FRANCE.

ACADÉMIE DE STRASBOURG.

DISSERTATIONS

SUR

1° La puissance paternelle, d'après les principes du Droit romain ;

2° Les effets du Droit de suite en matière hypothécaire, d'après les principes du Code Napoléon ;

SOUTENUES PUBLIQUEMENT

DEVANT LA FACULTÉ DE DROIT DE STRASBOURG,

LE SAMEDI 22 JUILLET 1854, A MIDI,

POUR OBTENIR LE GRADE DE DOCTEUR,

PAR

EUGÈNE LEDERLIN,

AVOCAT,

de Strasbourg (Bas-Rhin).

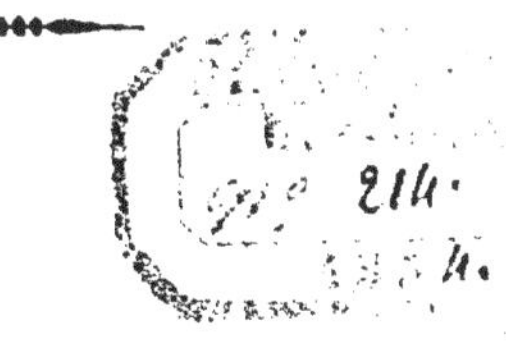

STRASBOURG,

IMPRIMERIE HUDER, RUE DES VEAUX, 27.

1854.

A MON PÈRE.

A MA MÈRE.

E. LEDERLIN.

FACULTÉ DE DROIT DE STRASBOURG.

MM. Aubry ❋. . . . . doyen et prof. de Droit civil français.
Hepp ❋ . . . . professeur de Droit des gens.
Heimburger. . . . . professeur de Droit romain.
Thieriet ❋ . . . . . professeur de Droit commercial.
Schützenberger ❋ . professeur de Droit administratif.
Rau ❋. . . . . professeur de Droit civil français.
Eschbach . . . . professeur de Droit civil français.

Blœchel ❋ . . . . . professeur honoraire.

Destrais. . . . . professeur suppléant.
Michaux-Bellaire . professeur suppléant provisoire.
Beudant. . . . . professeur suppléant provisoire.

Bécourt, officier de l'Université, secrétaire, agent compt.

MM. Rau, président de la thèse.

Eschbach,
Aubry,
Destrais,
Beudant,
} examinateurs.

La Faculté n'entend approuver ni désapprouver les opinions particulières au candidat.

TABLE DES MATIÈRES.

DROIT ROMAIN.

DROIT FRANÇAIS.

Pages.

Pages.

DE LA
PUISSANCE PATERNELLE,
D'APRÈS
LES PRINCIPES DU DROIT ROMAIN.

Quod jus proprium civium Romanorum est.

GAÏUS, Inst. I. 55.

DROIT ROMAIN.

De la puissance paternelle, d'après les principes du Droit romain.

INTRODUCTION.

NOTIONS GÉNÉRALES SUR L'ORGANISATION DE LA FAMILLE ROMAINE.

SOMMAIRE.

1. Notion de la famille romaine. Du *paterfamilias.*
2. Des causes qui fondent le lien d'agnation. Spécialement du mariage.
3. Suite. De la *filii anniculi causæ probatio*, et de l'*erroris causæ probatio.*
4. Suite. Autres conditions du mariage. De ses effets.
5. De l'adoption et de l'adrogation.
6. De la légitimation des enfants naturels.
7. Des personnes comprises dans la famille. De l'autorité du *paterfamilias.*
8. Des causes qui mettent fin à l'agnation.

8*bis*. De la cognation et des effets juridiques qui y sont attachés.

9. Division du sujet.

1. On peut définir la famille romaine, *familia*, un ensemble de personnes descendant en légitime mariage et par les mâles [1] d'un même auteur commun, ou du moins en faveur de qui s'élève la fiction d'une semblable descendance, et dont aucune n'a subi de diminution de tête depuis l'instant de sa filiation. Le lien qui unit ces personnes reçoit le nom d'agnation [2]; il

1. *Legitima autem cognatio est ea quæ* PER VIRILIS SEXUS PERSONAS *conjungitur;* Gaïus, III, 10. — Cpr. § 1, Inst. De leg. agn. tut. (1, 15), § 1, Inst. De leg. agn. succ. (3, 2).
2. *Vocantur autem* AGNATI, *qui legitima cognatione juncti sunt.* Gaïus, III, 10.

est à la fois naturel et civil, créé par la nature et reconnu par la loi, et il établit entre le chef de la famille et ceux qui descendent de lui les relations de la puissance paternelle. Tous les membres de la *familia* sont soumis à l'autorité de son chef; et ainsi on l'a pu dire que la famille est formée, en définitive, par l'ensemble de toutes les personnes placées sous la *potestas* d'un même auteur commun, d'un même *paterfamilias* [1].

Le père de famille, *paterfamilias*, est l'homme *sui juris*, libre de toute puissance; Ulpien le définit l'homme *qui in domo dominium habet*, celui qui a le domaine dans sa maison, en qui se résume, s'incarne, pour ainsi dire, le patrimoine de la famille essentiellement un et indivisible, qui seul peut exercer sur les personnes un droit de puissance, sur les choses un droit de propriété. Cette qualité, ce titre lui appartiennent, soit qu'il ait ou qu'il n'ait pas actuellement sous sa puissance une ou plusieurs personnes : *Non enim*, dit Ulpien, *solam personam ejus, sed et jus demonstramus;* du moment qu'il est libre et *sui juris*, fût-il même impubère, fût-il même *infans*, il est *paterfamilias*, chef de sa famille, capable de patrimoine, capable de puissance [2].

2. La parenté civile, ou agnation, est essentiellement fondée sur la naissance en légitime mariage [3] et la descendance par les mâles : c'est par les mâles seuls que la famille se continue et se perpétue; ce n'est qu'entre eux et par eux que peut se former cette série de degrés qui, de proche en proche, rattache à l'au-

1. Ulpien, L. 195, § 2, De verb. signif. (50, 16).

2. Ulpien, L. 195, § 2, De verb. signif. (50, 16). — Ulpien, L. 4, De his qui sui (1, 6).

3. Gaïus, L. 3; Ulpien, L. 5, De his qui sui (1, 6); Gaïus, I, 55-57, 87, 88; Ulpien, V, 1; Pr., § 3, Inst. De patria potest. (1,9). — Ulpien, L. 1, § 2, De suis (38,16); Gaïus, III, 2; Ulpien, XXVI, 1; Paul, Sent. rec., lib., IV, tit. VIII, § 4. § 2, Inst. De heredit. quæ ab intest. def. (3, 1).

teur commun ses descendants même les plus éloignés. Le lien de l'agnation s'établit bien, à la vérité, pour la fille de famille vis-à-vis de ses ascendants mâles, de son *paterfamilias*, et des autres personnes descendant de lui dans des lignes différentes; mais elle est impuissante à continuer sa famille à laquelle elle appartient, ou à en fonder une nouvelle; *mulier familiæ suæ et caput et finis est*[1].

Le mariage légitime, *justæ nuptiæ*, est celui qui est contracté entre personnes capables et avec l'accomplissement des solennités et conditions déterminées par la loi. La capacité de contracter mariage s'appelle *connubium*; c'est, d'après la définition des jurisconsultes classiques, *jus legitimi matrimonii*[2], *uxoris jure ducendæ facultas*[3], c'est-à-dire le droit de contracter un mariage reconnu par la loi, et d'obtenir sur la personne et les biens de sa femme et des enfants à naître du mariage, les droits attachés à la puissance maritale, *manus*, et à la puissance paternelle, *patria potestas*.

Partie intégrante du droit de cité, le *connubium* n'existe qu'entre citoyens romains; il n'appartient point aux Latins, ni aux Pérégrins, à moins qu'il ne leur ait été spécialement concédé[4]; dans tous les cas, les personnes libres peuvent seules y participer[5].

3. Ce n'est pas ici le lieu de faire connaître les différentes causes qui font acquérir le droit de cité, et par suite le *connubium*; nous devons cependant mentionner, à cause de l'effet que la loi leur attribue d'imprimer, même *ex post facto*, à un mariage déjà contracté le ca-

1. Ulpien, L. 195, § 5, De verb. signif. (50, 16).
2. Heineccius, Elementa, De Nuptiis, § CL.
3. Ulpien, Regul., tit, V § 3.
4. *Connubium habent cives Romani cum civibus Romanis; cum Latinis autem et peregrinis, ita si concessum sit.* Ulpien, Reg., tit. V, § 4.
5. *Cum servis nullum est connubium.* Ulpien, Reg., tit. V, § 5.

ractère de mariage romain, la *filii anniculi causæ probatio ex lege Ælia Sentia*, et l'*erroris causæ probatio ex senatusconsulto*.

Le premier de ces moyens est accordé par la loi *Ælia Sentia* à l'affranchi qui n'a acquis par la manumission que la qualité de Latin. La loi lui permet d'acquérir le droit de cité par une décision du préteur, à Rome, ou du gouverneur de sa province, en justifiant :

1º Qu'il s'est uni *liberorum quærendorum causa*, avec une femme d'une condition au moins égale à la sienne;

2º Que cette union a été contractée en présence d'au moins sept témoins, citoyens romains et pubères;

3º Qu'il en est né un fils ou une fille ;

4º Que cet enfant a atteint l'âge d'une année (*filius anniculus*).

Ces circonstances étant établies, il obtient la qualité de citoyen romain, non-seulement pour lui-même, mais encore pour sa femme et son enfant[1].

Quant à l'*erroris causæ probatio ex senatusconsulto*, elle existe en vertu d'un senatusconsulte dont la date nous est inconnue, mais qui, dans tous les cas, est antérieur au règne d'Adrien, au profit du citoyen romain ou de la femme romaine qui ont épousé soit une femme latine ou étrangère, ou *dedititia*, soit un Latin, ou un Pérégrin, ou un *dedititius*, en croyant cependant de bonne foi s'unir à une personne de leur propre condition. La même action est accordée aux Latins qui, pensant épouser des femmes latines ou romaines, n'ont épousé que des femmes étrangères, ou réciproquement aux Latines et aux Romaines qui se sont unies à des Pérégrins par suite d'une semblable erreur, et enfin aux Romains qui, par erreur, se croyant Latins ou Pérégrins, ont contracté mariage avec des femmes latines ou étrangères. Leur

1. Gaïus, I, 29-32. Ulp., Reg., III, 4.

réclamation est recevable toutes les fois que leur union a été célébrée conformément aux prescriptions de la loi *Ælia Sentia*, et qu'il en est né un enfant, quel que soit d'ailleurs le sexe de cet enfant et l'âge auquel il est parvenu. Si ces conditions existent, et que le réclamant prouve de plus l'erreur dont il excipe, le droit de cité est accordé à l'époux qui n'en jouissait point encore, à tous deux, si l'un et l'autre étaient Latins, et à l'enfant né du mariage. La réclamation ne profite qu'à ce dernier, si la personne unie par erreur à un Romain ou à une Romaine était un *dedititius*, incapable comme tel d'acquérir le droit de cité[1].

Les moyens que nous venons d'indiquer font donc que le mariage devient pour l'avenir mariage romain, comme si la capacité des parties avait existé dès l'instant de sa célébration.

4. Le *connubium* forme la première condition de l'existence et de la validité du mariage. Il faut en outre qu'il n'y ait point entre les parties contractantes d'empêchement au mariage pour parenté, alliance, ou pour tout autre motif, et que leur union ait été contractée de leur consentement, et s'il y a lieu, du consentement des personnes sous la puissance desquelles elles se trouvent placées.

Quant aux effets du mariage, ils diffèrent, suivant qu'il a été contracté par un fils ou par une fille de famille. Le fils, quoique marié, reste dans la famille de son père, et y entraîne sa femme *in manu* et ses enfants légitimes. Au contraire, le mariage de la fille, lorsqu'il est suivi de la *manus*, rompt le lien d'agnation qui existait entre elle et son *paterfamilias*, et la fait passer dans la famille de son mari, s'il est lui-même *sui juris*, ou de ceux sous la puissance desquels il se trouve placé. Dans

1. Gaïus, I, 66-73.

sa nouvelle famille elle acquiert tous les droits d'une fille légitime; vis-à-vis de son mari, elle devient *quasi filia*, vis-à-vis du père de celui-ci, *quasi neptis*, vis-à-vis de ses enfants, *consanguinea*. La *manus*, à laquelle elle est soumise, est d'ailleurs une puissance analogue à la puissance paternelle dans son principe et dans la plupart de ses effets : elle n'est modifiée dans son étendue que par l'influence du principe de l'indissolubilité du mariage.

5. L'agnation est produite, en second lieu, par l'adoption et l'adrogation[1]; ici elle se forme par la seule force de la loi entre personnes que n'unit pas la communauté du sang.

L'adrogation est un acte solennel, par suite duquel un homme libre et *sui juris* passe avec tous ceux qui sont placés sous sa puissance dans la famille d'un autre *paterfamilias*. Elle se consomme *populi auctoritate*, devant le peuple assemblé dans les comices, par un vote exprimé après une *rogatio* analogue à celle qui précédait la votation des lois. Cette autorisation populaire est remplacée, dans le droit moderne, par l'autorisation du prince, *principis auctoritas*.

L'adoption est un acte également solennel par lequel un chef de famille fait passer dans la famille d'un autre *paterfamilias* une personne placée sous sa puissance paternelle. Elle s'accomplit, dans le droit ancien, au moyen des formalités de la mancipation et de la cession *in jure*; le père naturel mancipe par trois fois son fils au père adoptif; celui-ci l'affranchit après la première et la seconde mancipation, et le remancipe, après

1. *Per adoptionem quoque adgnationis jus consistit.* § 2, Inst. De legit. adgnator. success. (3, 2). Gaïus, I, 97; III, 2. Ulp., VIII, 1. Paul, Sent. Rec., l. IV, tit. VIII, § 4. Pr. Inst. De adopt. (1, 11); § 2, Inst. De hered. quæ ab intest. (3, 1). Ulp., L. 5, De his qui sui (1, 6). L. 1, § 2, De suis (38, 16).

la troisième, à son père naturel; puis ce dernier le lui cède *in jure*, en donnant les mains à une revendication fictive introduite contre lui, et dont le fils de famille est l'objet apparent. L'adoption d'une fille de famille ou d'un enfant au-delà du premier degré ne nécessite l'emploi que d'une seule vente suivie de remancipation et de cession *in jure*[1].

Justinien abolit ces formes surannées et décida que l'adoption se ferait par une simple déclaration exprimée devant le magistrat, par le père naturel, le père adoptif, et l'enfant[2].

L'adoption et l'adrogation ne peuvent être contractées qu'entre citoyens romains; l'ancien droit ne permet même l'adrogation qu'aux personnes du sexe masculin, pubères : car les femmes et les impubères sont exclus des comices. Le droit moderne modifia ce principe, en changeant la forme même de l'adrogation. Les conditions de l'adoption et de l'adrogation sont d'ailleurs presqu'identiques; elles sont déterminées par cette idée dominante, que l'adoption *(sensu lato)* imite la nature, *adoptio imitatur naturam*, et calquées sur les conditions du mariage lui-même.

6. Constantin introduisit un troisième mode de faire entrer dans la famille, pourvu toutefois qu'ils y consentissent eux-mêmes[3], des enfants que leur naissance en excluait : nous voulons parler de la légitimation. Ce bénéfice de la loi fut accordé d'abord aux seuls enfants nés du concubinat, et de parents capables de s'unir en justes noces : la légitimation ne se produit en effet que comme conséquence directe du mariage des père et

1. Heineccius, Antiquit. Roman., lib. I, tit. XI, §§ XV et XVI.
2. Justinien, c. 11, De adopt. (8, 48).
3. *Dum et filii hoc ratum habuerint.* Nov. 89, c. 11. *Inviti autem filii naturales, vel emancipati, non rediguntur in patriam potestatem.* Modestin, L. 11, De his qui sui vel al. jur. sunt (1, 6).

mère de l'enfant. L'empereur Zénon maintint ces principes de droit, mais en restreignait la faveur aux enfants nés avant la promulgation de sa Constitution[1]. Après lui, Anastase fit cesser l'effet de cette restriction; mais il ne permit plus la légitimation par mariage subséquent qu'à ceux qui n'avaient pas d'enfants légitimes actuellement vivants, et il exigea en outre que le mariage fût précédé de la rédaction de pactes dotaux, *dotalia instrumenta*[2]. Enfin Justinien consacra dans ses codes l'institution fondée par ses prédécesseurs[3]; il autorisa la légitimation, soit qu'il existât ou non des enfants légitimes[4], au profit des enfants nés d'un commerce licite entre deux personnes capables de s'unir par mariage, à la seule condition que ces personnes se mariassent effectivement, après avoir fait rédiger des pactes dotaux[5].

A l'ancien mode de légitimation par mariage subséquent, se joignit, dès le règne de Théodose-le-Jeune, un second mode que Justinien conserva également : il consistait pour les fils dans leur oblation à la curie dont leur père était membre, et, pour les filles, dans leur mariage avec un décurion ou citoyen de la même curie[6]. Les effets de cette légitimation ne s'étendaient cependant qu'aux rapports respectifs du père et du fils; elle restait sans influence à l'égard des parents du père, soit en ligne directe, ascendante ou descendante, soit en ligne collatérale[7].

1. An 476. Zénon, c. 5, in fine, De natural. liber. (5, 27).
2. An 508, Anastase, c. 6, De natur. lib. (5, 27).
3. Nov. 74, Præfatio, et c. 1.
4. *Aut legitimorum filiorum jam pater existens.* Nov. 89, c. 8.
5. Just., c. 10, De natur. lib. (5, 27). Nov. 74, Præf. et c. 1. Nov. 89, c. 8.
6. An 442. Théodose et Valentinien, c. 3, De natur. lib. (5, 27). Nov. 89, c. 2.
7. Nov. 89, c. 4.

Enfin Justinien permit au père, à qui il n'était point possible de s'unir avec la mère de son enfant naturel, soit à cause du décès de celle-ci, soit pour un motif grave d'intérêt ou de convenance, de s'adresser à l'empereur, afin d'obtenir de lui qu'il accordât à son enfant la qualité et les droits d'enfant légitime[1]; ce vœu put même être exaucé après la mort du père, sur la demande de l'enfant, s'il avait été formellement exprimé dans le testament paternel[2]. Toutefois, la légitimation n'était accordée suivant ce mode, que si le père n'avait point d'enfants légitimes actuellement vivants; de plus, le prince restait toujours juge des motifs qui empêchaient le mariage subséquent des père et mère, et il pouvait, dans tous les cas, étendre ou restreindre à son gré les effets de la légitimation[3].

7. D'après ce que nous avons dit plus haut, la famille comprend:

1° Tous les enfants conçus en légitime mariage du père de famille, ou d'un fils ou petit-fils en puissance;

2° Les femmes mariées avec *manus*, soit au *paterfamilias*, soit à ses fils ou petits-fils en puissance;

3° Les enfants adrogés par le père de famille, et tous ceux qui se trouvaient sous leur puissance, avant leur adrogation, ou qui depuis, ont été conçus en légitime mariage par eux ou leurs descendants légitimes;

4° Les enfants adoptés par le père de famille et leurs descendants légitimes conçus depuis l'adoption;

5° Les enfants légitimés par le père de famille, ou par ses enfants ou descendants mâles en puissance.

Dans la rigueur du droit primitif, le père de famille exerce dans sa maison, et vis-à-vis de toutes les personnes qui lui sont soumises, une magistrature suprême,

1. Nov. 74, c. 1, c. 2, pr. Nov. 89, c. 9.
2. Nov. 74, c. 2, § 1. Nov. 89, c. 10.
3. Nov. 74, c. 1, c. 2, pr. Nov. 89, c. 9.

imperium domesticum, presque sans limites et sans contrôle. La puissance paternelle n'est pas à Rome, comme sous notre Code, une puissance protectrice organisée dans le seul intérêt des enfants; c'est une sorte de fonction publique, qui prend sa base dans la nature, mais que le législateur politique a organisée dans l'intérêt presqu'exclusif du père, considéré comme le représentant de l'État. Le père n'est pas seulement chargé de l'entretien et de l'éducation des enfants, et armé du droit de correction limité que ce devoir d'éducation nécessite en lui : leur éducation est pour lui un droit plutôt qu'un devoir; son droit de correction est illimité; il exerce même dans sa maison les fonctions du juge, et réprime arbitrairement, par une espèce de délégation de la puissance publique, toutes les infractions commises par ses subordonnés. Enfin, notre père de famille n'a sur les biens de ses enfants qu'un simple pouvoir d'administration, à raison duquel il est comptable envers eux, et des soucis duquel il est récompensé jusqu'à un certain point par l'usufruit que la loi lui accorde sur ces biens : à Rome, l'idée du *paterfamilias* est inconciliable avec celle d'un droit de propriété constitué sur la tête des enfants en puissance, de sorte que le père de famille ne devient pas administrateur, mais propriétaire de tous les biens possédés par les membres de sa *familia*, avant qu'ils soient tombés en sa puissance, ou acquis par eux postérieurement, à quelque titre que ce soit.

8. L'agnation cesse par toutes les causes qui entraînent pour le père ou pour l'enfant de famille la grande, la moyenne, ou la petite diminution de tête. La perte de l'état de liberté ou de l'état de cité rend l'individu incapable des droits de famille accordés exclusivement aux hommes libres et aux citoyens romains; la perte de l'état de famille, en le faisant entrer dans

une famille nouvelle, le rend désormais étranger à sa famille primitive. Mais, tandis que quelques-uns des événements auxquels cette conséquence est attachée, sont, par leur nature même, indépendants de la volonté du père, d'autres dépendent toujours de son caprice. Le père peut, à son gré, se donner en adrogation, ou consentir à sa légitimation, et en renonçant ainsi à sa propre puissance et à son *status familiæ*, entraîner avec lui ses enfants déjà nés ou simplement conçus dans une autre famille, et sous la puissance d'un autre *paterfamilias*. Il peut, à son gré, vendre, émanciper, donner en adoption ses enfants de l'un ou de l'autre sexe, marier ses filles[1], et briser ainsi le lien d'agnation que la naissance en légitime mariage, la légitimation ou l'adoption avaient créé entre lui et ses descendants légitimes, naturels ou civils. L'enfant repoussé par le père entre dans la famille et tombe sous la puissance de celui à qui ce dernier a transféré ses droits; ou bien, il devient *sui juris* et fonde une famille nouvelle; mais les enfants nés ou simplement conçus de lui avant son changement d'état demeurent ou deviennent agnats de son ancien *paterfamilias*[2].

8*bis*. Toutefois le lien du sang, la parenté naturelle ou la cognation, résultant du seul fait de la naissance, subsistent alors même que la parenté civile a été détruite, *quia civilis ratio naturalia corrumpere non potest*. Insuffisante pour retenir dans le cercle de la famille les personnes qu'elle unit, cette parenté purement naturelle n'est cependant pas tout à fait dépourvue d'effets juridiques. Elle impose aux enfants l'obligation du respect filial, *reverentia, pietas, obsequium*, envers les auteurs de leurs jours[3], et ce devoir se traduit dans la loi par

1. Ulpien, L. 12, De sponsal. (23,1).
2. § 9, Inst. Quib. mod. jus patr. pot. solv. (1, 12). Cpr. Gaïus, I, 135.
3. Ulpien, L. 1, L. 5, L. 9; Julien, L. 2, De obsequiis (37, 15).

la défense faite aux enfants d'actionner, sans l'autorisation du préteur, leur père, leur mère, leurs ascendants[1]; et d'intenter contre eux, même avec cette autorisation, une action pénale[2] ou infamante, *famosa*, telles que l'action d'injures[3], l'action *de dolo malo*[4]. La cognation crée de plus à la charge des père et mère naturels ou légitimes, et ascendants légitimes paternels ou maternels, l'obligation de fournir des aliments à leurs enfants et descendants qui sont dans le besoin : la même obligation incombe réciproquement aux enfants et descendants[5]. Mais ces devoirs, fondés uniquement sur la parenté du sang, restent étrangers aux relations de la puissance paternelle, qui doivent seules former la matière de nos recherches.

9. Nous allons examiner :

1° Quelle est la nature intime de cette puissance ;

2° Quelles causes la font naître et entre quelles personnes elle existe ;

3° Quels droits en résultent pour le père sur la personne de ses enfants, et quelle est son influence sur la capacité de ceux-ci ;

4° Quels moyens sont donnés au père pour la faire reconnaître dans sa personne ;

5° Comment elle prend fin.

1. Ulp., L. 4, §§ 1, 2, 3. Paul, L. 6, De in jus voc. (2, 4). Dioclét. et Max., c. 3, De in jus voc (2, 2).
2. Macer, L. 11, § 1, in fine, De accusat et inscr. (48, 2). Dioclét. et Maxim., c. 17, De his qui accus. non poss. (9, 1).
3. Ulp., L. 7, § 3, De injur. (47, 10).
4. Ulp., L. 11, § 1, De dolo malo (4, 3).
5. Paul, L. 4. Ulpien, L. 5, §§ 1-5, De agnosc. et alend. liber. (25, 3).

TITRE PREMIER.

De la nature du droit de la puissance paternelle.

SOMMAIRE.

10. Le droit du père ne saurait être assimilé à un droit de domaine.
11. Réfutation du système contraire. Le fils de famille est citoyen romain, il est apte aux fonctions publiques; il jouit de l'état civil.
12. Suite. Du droit donné au père de manciper ses enfants.
13. Suite. Des actions données au père, pour faire reconnaître sa puissance paternelle.
14. Suite. De l'action de vol.
15. Suite. De l'action de la loi aquilienne.
16. Suite. Du droit de vie et de mort accordé au père sur la personne de ses enfants. — Résumé.
17. Influence de la puissance paternelle sur la capacité civile des enfants.

---

10. Nous avons déjà laissé pressentir notre opinion sur la nature intime du droit de la puissance paternelle; mais l'importance de la question mérite que nous nous y arrêtions pendant quelques instants.

Des auteurs fort recommandables ont vu dans la puissance du père une puissance identique à celle du maître, et ils ont affirmé que le père de famille avait sur ses enfants un véritable droit de propriété, *dominium ex jure Quiritium*, qui les réduisait vis-à-vis de lui à l'état de choses. «*Originem patriæ potestatis quantacumque* «*olim fuit*, dit Bynkershoeck, le père de ce système, *non* «*aliunde repetendam existimo quam ex* JURE DOMINII. *Liberi*, «*æque ac servi*, IN PATRIS DOMINIO, *atque ita et* COMMERCIO. «*Nec dubito quin ea ætate quo liberi vendebantur, fuerint* RES

«MANCIPI[1].» «Heineccius exprime la même idée : *Liberos «æque ac servos fuisse in* DOMINIO JURIS QUIRITIUM *certissimum «est*[2].» «*Patris respectu* RES MANCIPI, *æque ac servi habeban«tur*[3].» Cette doctrine se fonde, d'après les auteurs qui la préconisent, sur les textes qui accordent au père droit de vie et de mort sur ses enfants en puissance, et qui lui permettent de les manciper, de les revendiquer et d'intenter l'action de vol contre celui qui les lui a enlevés frauduleusement. Mais il nous semble qu'elle est à la fois contraire à l'esprit et à la lettre de la loi, et que les textes mêmes desquels on s'appuie tendent plutôt à la détruire qu'à la justifier.

11. Assimiler le fils de famille à un esclave, à une *res mancipi*, dire qu'il n'est qu'une propriété entre les mains de son père, c'est oublier que, malgré sa dépendance, il est homme libre et citoyen romain, qu'il est apte aux fonctions publiques[4] et qu'il pourra un jour devenir *sui juris* et *paterfamilias*, même par des événements fortuits et indépendants de la volonté de son père : or, il répugne aux plus simples notions de bon sens et de dignité nationale, qu'un homme libre, qu'un citoyen ro-

1. Bynkershœck, *De jure occid. liber*, t. I, p. 346.

2. Heineccius, ad Vinnii comment. ad Pr. Inst., Per quas person. nob. acquir. (2, 9).

3. Heineccius, Elementa, § 135.

Voyez dans le même sens : Heineccius, *Antiquitates*, lib. I, tit. IX, n° I. — Glück, *Erlæuterung der Pandekten*, lib. I, tit. VI, § 133, t. 2, p. 205. — Schrœter, *Die Abhængigkeit der alieno juri subjecti. Zeitschrifft für Civilrecht und Prozess*, 1840, vol. 14, p. 137 et suiv. — Walter, *Rechtsgeschichte*, t. II, §§ 475 et 476. — M. Laboulaye, Condition civile et politique des femmes, liv. Ier, section Ire, ch. 2.

Voyez en sens contraire : Vinnius, Comm. ad. Pr. Inst. Per quas pers. nob. acquir. (2, 9). Zimmern, *Rechtsgesch.*, t. I, § 179. Puchta, *Vorlesungen*, t. II, § 432. Marezoll, *Institut.*, § 174 (4e éd.). Savigny, *System*, § 54, t. I, p. 353 ; § 67, t. II, p. 52-57.

4. Pomponius, L. 9, De his qui sui vel al. jur. sunt (1, 6). Afric. L. 77. Paul, L. 78, De judic. (5, 1). Hermogen., L. 14, Pr. ad Sct. Trebell. (36, 1).

main, soit mis dans le commerce, et devienne une chose vénale[1]. La fille elle-même, quoique exclue de toute participation aux droits politiques, jouit cependant, aussi bien que le fils, de l'état de liberté, de l'état de cité, de l'état de famille, et échappe ainsi à toute espèce de droit de domaine.

12. Le père de famille peut, il est vrai, vendre ses enfants, en employant à cet effet les formes solennelles de la mancipation. Ce droit lui est expressément concédé par la loi des Douze-Tables, et il est probable même que les pères en firent fréquemment usage, soit qu'ils y cherchassent un moyen de se procurer des ressources pécuniaires, soit qu'ils se vissent forcés, en donnant leurs enfants à la noxe, de réparer ainsi un dommage que ceux-ci pouvaient avoir causé à autrui, soit enfin que cette vente, purement fictive, ne fût que le moyen et la forme de l'émancipation qu'ils voulaient procurer à leurs enfants. Quoiqu'il en soit, il faut, en reconnaissant le droit du père, chercher à déterminer quels en étaient le but et la portée.

La mancipation est la forme solennelle employée pour la consommation des *negotia civilia*; elle n'est pas spéciale à la vente, ni aux conventions ayant pour but la transmission des objets susceptibles de propriété; nous la trouvons même, dans l'ancien droit, appliquée à la constitution de l'obligation, ou du droit personnel. L'objet en est moins la chose elle-même que le droit réel ou personnel auquel cette chose va être soumise. Ainsi, la mancipation ne suppose pas toujours et nécessairement une vente, ou une transmission de propriété; et d'ailleurs, pour en revenir à notre espèce, ce qui est cédé, ce n'est point l'enfant de famille, mais le droit de puissance paternelle appartenant au père

1. Constantin, C. Th. c. 2, De liber. causa (4, 8). C. Just. c. 10, De patr. pot. (8, 47).

sur cet enfant. Toujours nous voyons le père aliéner sa puissance, soit que cet effet soit produit par une vente unique, ou qu'il ne soit attaché qu'à la succession de plusieurs mancipations; mais jamais le fils de famille ne devient l'esclave ou la chose de celui à qui il a été mancipé. Il passe simplement sous son *mancipium*; et est obligé comme tel à lui fournir ses services. Sa position est ainsi, d'après l'expression des jurisconsultes classiques, celle d'un *quasi servus*; il peut être de la part de celui au droit duquel il est soumis, l'objet d'une nouvelle mancipation, ou être affranchi de sa puissance par la manumission. Mais, en droit, il demeure libre et ingénu, malgré l'esclavage fictif dans lequel il est tombé momentanément. Sa soumission, indéfinie dans sa durée, peut cependant être limitée par la condition de remancipation, *ut sibi remancipetur*, stipulée par le père lors de la mancipation; et de plus, le fils peut lui-même, dans le cas où la vente a eu pour cause un abandon noxal, requérir sa manumission, lorsque par ses services il a procuré à la personne à qui il a été mancipé un profit équivalent au dommage qu'elle avait souffert. Affranchi du *mancipium*, le fils de famille retombe au pouvoir de son père; mais après trois ventes et trois manumissions successives, il en est définitivement affranchi, et devient *sui juris* et *paterfamilias*. La fille et les petits-enfants deviennent libres par une seule vente suivie d'affranchissement. Ainsi il arrive, soit par l'intention du père de famille, soit par la seule force de la loi, que la vente de l'enfant de famille améliore en quelque sorte sa condition personnelle, et que souvent même elle devient la forme et le préliminaire de son émancipation.

13. Un texte d'Ulpien[1] a fourni à nos adversaires

1. Ulp., L. 1, § 2, De rei vind. (6, 1).

un prétexte assez spécieux pour soutenir que le père de famille pouvait revendiquer ses enfants en puissance [1]. Ce texte est ainsi conçu : «*Per hanc autem actionem (scilicet rei vindicationem) liberæ personæ, quæ sunt juris nostri, utputa liberi, qui sunt in potestate, non petuntur. Petuntur igitur aut præjudiciis, aut interdictis, aut cognitione prætoria.* Jusqu'ici, on le voit, loin d'accorder au père le droit de revendication, Ulpien le lui refuse expressément, pour ne lui donner que des moyens de droit spéciaux, et entièrement distincts des actions qui garantissent la propriété. Ce n'est donc pas, sans doute, sur cette partie de notre texte que nos adversaires fondent leur doctrine ; mais le jurisconsulte ajoute, en rapportant l'avis de Pomponius : *Nisi forte, inquit, adjecta causa quis vindicet. Si quis ita petit filium suum, vel in potestate ex jure Romano, videtur mihi et Pomponius consentire, recte eum egisse ; ait enim adjecta causa ex lege Quiritium vindicare posse.* Nous aurons, plus tard, à nous expliquer sur la nature et la portée de cette *vindicatio filii* [2]. Pour le moment il nous suffira de faire remarquer que la règle générale, posée par notre texte, exclut formellement la revendication ; et que ce n'est que par exception que ce texte permet au père de revendiquer son fils *adjecta causa ;* or, l'addition de cette *adjecta causa* peut bien autoriser l'emploi de la forme extérieure de la *rei vindicatio*, mais l'on ne saurait admettre qu'elle ait pour résultat de modifier la nature de l'action ; bien plus, elle indique clairement que, tout en empruntant la forme de la revendication, l'action dont il s'agit, conserve pourtant son caractère particulier.

14. Quant à l'action *furti*, elle est effectivement donnée au père contre celui qui lui a frauduleusement en-

1. Voy. surtout Bynkershœck, Heineccius ad Vinnium, et Schrœter, *op. et loc. cit.*
2. Voy. infra, tit. IV.

levé son enfant [1]; la loi romaine qualifie cet enlèvement de vol [2]. Mais cette action, tendant uniquement à l'application de la peine criminelle, *ad pœnæ persecutionem* [3], n'exige pas dans le demandeur la qualité de propriétaire, et appartient à toute personne intéressée à la conservation de la chose [4]. Le maître ne peut recouvrer sa propriété que par la revendication ou la *condictio furtiva* [5]; or, nous avons déjà fait voir que le fils de famille ne saurait être revendiqué par son père; et les textes établissent également que les personnes libres ne peuvent former l'objet de la *condictio furtiva* : LIBERARUM PERSONARUM *nomine licet furti actio sit*, CONDICTIO TAMEN NUSQUAM EST [6].

15. Ajoutons avec Zimmern [7] que le père dont l'enfant avait été tué ou blessé n'obtenait, par l'action de la loi aquilienne que la restitution des frais que lui avait occasionnés l'accident, et des dommages-intérêts basés sur l'incapacité de travail causée au fils [8], et fixés irrévocablement, pour le cas d'homicide, à la somme de cinquante *aurei* [9], mais que jamais on ne devait estimer la valeur du fils, ni la dépréciation qu'il aurait subie, *quia liberum corpus nullam recipit æstimationem* [10].

16. Enfin, on nous objecte que le père a sur ses enfants un droit de vie et de mort, *jus vitæ et necis*. Ce droit lui est en effet reconnu par la loi. Mais est-ce à

1. Ulpien, L. 14, § 13, De furtis (47, 2).
2. Gaïus, III, 199. Instit., § 9, De obligat. quæ ex delicto nasc. (4, 1).
3. § 19. Inst. eod. tit.
4. Gaïus, III, 203. Paul, Sentent. rec. II, 31, 4. Paul, L. 38, pr., De furtis (47, 2).
5. § 19. Inst. De oblig. quæ ex delicto nasc. (IV, 1).
6. Paul, L. 38, § 1, De furtis (47, 2).
7. *Rechtsgeschichte*, I, § 179, p. 659.
8. Ulpien, L. 5, in fine, L. 7, Pr. ad leg. aquil. (9, 2). Gaïus, L. 7, De his qui effuder. vel dejecer. (9, 3).
9. Ulpien, L. 1, § 5, De his qui effuder. vel dejecer. (9, 3).
10. Ulpien, L. I, § 5. Gaïus, L. 7, eod. tit.

dire qu'il pût disposer arbitrairement de la vie de ses enfants, qu'il pût les mettre à mort, au gré de son caprice, comme le propriétaire, comme le maître, sont autorisés à détruire, quand bon leur semble, et sans en devoir compte à qui que ce soit, leurs choses, leurs esclaves? Non évidemment; le citoyen romain a droit de vie et de mort sur ses enfants, non comme père, non comme maître, mais comme juge, comme magistrat domestique; toutes les fois, en effet, que nous voyons un père user de ce droit rigoureux, c'est pour réprimer une infraction grave de son enfant, et souvent même sa décision n'est rendue qu'après une instruction plus ou moins minutieuse, et avec le concours des plus proches parents réunis en tribunal de famille [1].

En résumé, nous avons vu que les textes refusent à la puissance paternelle le caractère et les effets du domaine; nous pensons, au contraire, que pour ce qui concerne la personne de l'enfant, cette puissance est exactement calquée sur celle du prince, et que le père est, non pas *dominus*, mais, selon l'expression de quelques auteurs, *censor filii* [2], *domesticus magistratus* [3], *princeps familiæ* [4].

17. En ce qui concerne les biens, l'influence de la puissance paternelle est déterminée par cette idée que les enfants de famille ne sont point *sui juris*, mais bien *alieni juris*. L'enfant de famille n'a point de patrimoine, point de volonté juridique; il figure dans la société civile, moins comme un sujet de droit actif, que comme le représentant légal de son *paterfamilias*. Entre lui et

1. Tite-Live, I, 26. Salluste, *Catilina*, c. 39. Valère Maxime, lib. V, c. VIII, §§ 1, 2, 3, 5.

2. Suétone, *Claudius*, c. 16.

3. Sénèque, *De beneficiis*, III, 11.

4. Ulpien, IV, 1. Cpr. Val. Max., lib. VII, c. VII, § 5. Quintilien, *Declamat.*, CCCLXXV. Paul, L. 215, De verb. signif. (50, 16).

son père, il ne saurait y avoir ni obligation, ni action; et vis-à-vis des tiers, le père profite seul de tous les contrats conclus par son fils, en acquérant par lui la propriété et l'obligation active, ainsi que les actions engendrées par ces relations juridiques. D'un autre côté cependant, le fils est pleinement capable de s'obliger même civilement envers les tiers, et il peut être recherché par eux à raison de tous les engagements qu'il a pris envers eux; seulement, comme il n'a point de patrimoine, les condamnations prononcées contre lui sont toujours limitées par le *beneficium competentiæ*, et l'exécution en est nécessairement suspendue tant que dure sa dépendance. Le père n'est jamais obligé par le fait de son fils, ni par les conventions qu'il a conclues avec des tiers; une seule exception fut admise dans les temps les plus reculés, relativement aux actions noxales données contre le père, à raison des délits commis par ses enfants en puissance.

Tel était le droit dans sa simplicité primitive. Mais, plus tard, le préteur étendit successivement la responsabilité du père à toutes les hypothèses dans lesquelles il avait consenti expressément ou tacitement à l'engagement de son fils, l'avait ratifié, ou en avait profité. D'un autre côté, et depuis l'époque impériale, le fils put obtenir la propriété de certains biens acquis par lui dans des circonstances déterminées. Ces biens, appelés pécules, demeurèrent dès lors affectés au paiement des obligations contractées par le fils de famille, d'après le droit prétorien, le père répondait de ces obligations *peculio tenus*, jusqu'à concurrence des valeurs qu'il pouvait avoir abandonnées à son fils à titre de pécule; dans le droit moderne, et lorsque le fils est lui-même propriétaire de son pécule, le créancier y trouve un gage de sa créance, sans être obligé de recourir contre le père au moyen d'une action subsidiaire, *ad-*

jectitiæ qualitatis. Mais ce qui est surtout important, c'est que le fils de famille obtint ainsi une propriété dont il put disposer à son tour, et qui devint pour lui la source d'une personnalité juridique plus complète; c'est que la loi lui permit de conclure, à l'occasion de son pécule, soit avec les tiers, soit avec son père lui-même, toutes les conventions permises à l'homme *sui juris*, et qu'elle lui accorda, pour faire valoir ses droits de propriété ou de créance, toutes les actions qu'elle aurait données au père de famille lui-même.

TITRE II.

Des causes qui font naître la puissance paternelle et des personnes entre lesquelles elle existe.

SOMMAIRE.

18. La puissance paternelle est une conséquence du lien d'agnation.
19. Résultats de ce principe. Des personnes soumises à la puissance paternelle.
20. Les personnes à qui appartient la puissance paternelle.
21. Cette puissance ne peut exister qu'entre citoyens romains.

---

18. La puissance paternelle est une conséquence essentielle du lien d'agnation qui unit le *paterfamilias* à ses descendants légitimes, légitimés ou adoptifs. Il en résulte :

1° Que toutes les causes qui fondent l'agnation ont en même temps pour effet de fonder la puissance paternelle;

2° Que les relations de la puissance paternelle s'établissent entre le *paterfamilias* et toutes les personnes qui lui sont unies par le lien d'agnation.

19. Ainsi que nous l'avons vu, l'agnation résulte : soit de la naissance en légitime mariage, soit de l'adoption ou de l'adrogation, soit de la légitimation. Ce sont donc là autant de causes qui font naître la puissance paternelle entre le *paterfamilias* et ceux qu'elles font entrer dans sa *familia*. Or, rappelons ici quels sont à cet égard les effets de ces différentes institutions juridiques.

La naissance en légitime mariage place dans la famille du *paterfamilias*, et soumet par conséquent à sa puissance non-seulement les enfants nés de lui-même et de son épouse légitime, mais encore tous ceux qui sont procréés en justes noces par ses fils ou petits-fils en puissance[1]. Quant aux enfants conçus des filles en légitime mariage, ils demeurent toujours étrangers à la famille de leur aïeul maternel, peu importe que leurs mères fussent mariées avec ou sans *manus* : dans tous les cas, ils entrent dans la famille civile et dans la puissance de leur propre père, ou de celui sous l'autorité duquel il se trouve lui-même placé[2].

L'adrogé entre dans la famille de l'adrogeant, avec toutes les personnes soumises, à quelque titre que ce soit, à sa propre puissance, et par conséquent, il entraîne avec lui toutes ces personnes sous la *potestas* de celui à qui il s'est donné en adrogation. Il n'est pas besoin de dire que l'adrogeant acquiert de plus la puissance paternelle sur tous ceux qui sont nés en légitime mariage de l'adrogé ou de ses descendants mâles, depuis l'adrogation. L'adoption, au contraire, ne fait passer que l'adopté dans la famille de l'adoptant ; par suite, la puissance paternelle n'est donnée à celui-ci que sur

1. Gaïus, I, 55. Ulp., V, 1. Pr. § 1. Inst. De patria pot. (1, 9). Ulp., L. 4, De his qui sui (1, 6).

2. § 1, in fine. Inst. De patr. pot. (1, 9). Gaïus, L. 196, § 1, De verb. signif. (50, 16).

l'adopté lui-même, et ceux qui ont été, depuis l'adoption, conçus en justes noces de lui et de ses descendants mâles et légitimes[1]. Sous Justinien cependant, l'adoption proprement dite, tout en demeurant une cause d'agnation, cessa en général d'engendrer la puissance paternelle; l'adopté ne fut plus assimilé à l'enfant légitime que par rapport à la successibilité; le principe de l'ancien droit ne demeura en vigueur qu'exceptionnellement, et pour le cas où l'adoptant se trouvait déjà uni à l'adopté par un lien de parenté naturelle, en ligne directe ascendante[2].

Enfin, la légitimation ne produit les relations de la puissance paternelle qu'entre le *paterfamilias*, l'enfant légitimé, et ceux qui ont été conçus depuis, du légitime mariage de lui ou de ses fils et petits-fils en puissance.

20. La puissance paternelle s'étend, avec la même énergie, sans distinction d'âge, de sexe, ni de degré, sur tous les enfants et descendants unis au père de famille par le lien d'agnation, membre de sa *familia*. Elle n'appartient jamais qu'au *paterfamilias* lui-même, c'est-à-dire à l'ascendant mâle le plus élevé qui, par sa position, est *sui juris*, affranchi de toute puissance[3]. Elle passe après sa mort, ou toute autre cause qui la fait cesser dans sa personne, à celui de ses descendants en puissance qui le suit immédiatement dans l'ordre des degrés, et que sa mort ou sa diminution de tête a rendu *sui juris*[4].

La puissance paternelle est un droit viril; la mère ne peut jamais partager avec le père le droit dont ce-

1. Gaïus, I, 107. Ulp., VIII, 8. § 11. Inst. De adopt. (I, 11).
2. Justin., c. 10. Pr. De adoption. (8, 48), § 2. Inst. De adopt. (1, 11).
3. *In sua potestate non videtur habere qui non est suæ potestatis.* Ulp., L. 21, ad. Leg. Jul. de adulter. (48, 5).
4. Gaïus, I, 127. Ulp., X, 2. Pr. Inst. Quibus mod. jus patr. pot. solv. (1, 12). Ulp., L. 5, De his qui sui (1, 6).

lui-ci est investi, ni lui succéder après son décès, ou tout autre événement qui l'en rend incapable[1].

21. Remarquons enfin que cette puissance est essentiellement romaine dans son principe et dans son organisation[2]; elle ne peut donc exister qu'entre citoyens romains, et elle nécessite toujours la jouissance du droit de cité dans celui qui doit en être investi, aussi bien que dans celui qui doit y être soumis. Les Latins, les Pérégrins, les esclaves ne sont jamais placés sous la puissance paternelle de leurs parents, pas plus qu'ils ne peuvent obtenir cette puissance sur leurs enfants et descendants. Le citoyen romain n'a jamais en sa puissance les enfants nés de son commerce avec une femme latine ou étrangère, ou avec une esclave, parce que ces enfants suivent toujours la condition de leur mère; et *vice versa*, l'enfant né d'une femme romaine et d'un père esclave, pérégrin ou latin, ne tombe point, quoique citoyen, sous la puissance de son père, puisque ce dernier ne jouit pas également du droit de cité[3]. Il en est autrement, toutefois, dans les cas où il y a lieu à la *filii anniculi causæ probatio ex lege Ælia Sentia*, ou à l'*erroris causæ probatio ex senatusconsulto*; le droit de cité était alors concédé au père et à l'enfant, et le mariage dont ce dernier est issu devenant mariage romain, les relations de la puissance paternelle s'établissent aussitôt[4].

Mais, en dehors de ces deux hypothèses, il est indispensable que le père ait été citoyen dès l'époque de la conception, et que l'enfant le soit devenu par le fait de la naissance : s'ils n'ont obtenu que plus tard le droit de cité, il n'y a pas entre eux de puissance paternelle, à moins d'une concession spéciale de la part du souverain[5].

1. Gaïus, I, 104. Ulp. VIII, 9. § 10. Inst. De adopt. (1, 11).
2. *Quod jus proprium civium Romanorum est.* Gaïus, I, 55.
3. Gaïus, I, 67, 87, 128. Ulp., X. 3.
4. Gaïus, I, 66-69, 71, 95; III, 5. Ulp., VII, 4, in fine.
5. Gaïus, I, 93-95; III, 20.

TITRE III.

Des droits contenus dans la puissance paternelle.

SOMMAIRE.

22. Division du titre.

22. Les droits contenus dans la puissance paternelle sont relatifs soit à la personne même de l'enfant, soit à ses biens et à sa capacité civile. Nous examinerons donc dans un premier chapitre les droits du père sur la personne de son fils, et spécialement son droit d'éducation et de correction, sa juridiction domestique, le droit qui lui appartient de vendre ses enfants, et de les donner à la noxe, de leur donner un tuteur ou un curateur, de consentir à leur mariage ; nous étudierons enfin les dispositions de la loi romaine relatives à l'exposition des enfants. Dans un second chapitre, nous essaierons de déterminer l'influence de la puissance paternelle en ce qui concerne le patrimoine et la capacité civile des enfants, et leurs relations juridiques avec le père ou avec les tiers.

CHAPITRE PREMIER.

Des droits du père sur la personne de ses enfants.

SECTION PREMIÈRE.

DU DROIT D'ÉDUCATION ET DE CORRECTION DU PÈRE DE FAMILLE ET DE SA JURIDICTION DOMESTIQUE.

SOMMAIRE.

23. Droit ancien. *Jus vitæ et necis.*
24. Modifications introduites par les empereurs. Abolition du droit de vie et de mort. *Jus emandandi liberos.*

23. Le droit d'éducation du père de famille découle du droit naturel ; mais, dans ses conséquences et dans ses limites, il appartient au droit civil.

La législation primitive de Rome ne contenait pourtant aucune disposition à ce sujet; elle n'imposait aucune restriction ni à ce droit lui-même[1], ni au droit de correction qui en est la suite indispensable. Le père de famille restait toujours seul et souverain appréciateur de l'éducation qu'il convenait de donner à ses enfants; à lui seul aussi il appartenait de réprimer dans la mesure qui lui paraissait utile les écarts de leur conduite.

Mais son droit ne se réduit pas à un simple droit de correction, tel que nous l'entendons dans notre législation; il a sur tous ses subordonnés une véritable juridiction, et il connaît même des infractions aux lois criminelles dont ils ont pu se rendre coupables[2]. Seulement, à défaut de la loi, l'usage lui impose en quelque sorte le devoir de ne juger qu'en la présence et avec le concours de ses parents et de ses amis[3], quoiqu'il puisse aussi, dans les cas qui lui paraissent urgents, se dispenser de leur assistance[4]. La peine qu'il convient d'infliger au coupable est également abandonnée à l'appréciation souveraine du père, et elle peut aller jusqu'au dernier supplice[5]. La loi ne prévoyait pas même la possibilité d'un abus, et la censure était le seul obstacle qui pût être opposé à l'injustice ou à la cruauté des pères de famille[6]. A la vérité, nous trouvons aussi dans le Digeste des exemples de châtiments infligés par les

1. A moins que l'on ne veuille considérer comme une restriction à ce droit la prescription de la loi des Douze-Tables qui ordonnait au père de tuer ses enfants nés difformes. Voy. sect. IV, n° 33.

2. Valère Maxime, lib. V, c. VIII, § 1. Tite-Live, I, 26.

3. Val. Max., lib. V, c. VIII, § 2.

4. Val. Max., lib. V, c. VIII, §§ 3 et 5. Salluste, Cat., c. 39.

5. Denys d'Halic. Archæol., lib. II, c. 26 et 27. Constantin, c. 10, De patria potest. (8, 47). C. 2, C. Th. De liberali causa (4, 8). Paul, L. 11, in fine, De liber. et post. (28, 2). — Cpr. Cicéron, pro Cæc., 34; De orat., I, 40.

6. Val. Max., lib. II, c. IX, § 2.

empereurs à des pères qui avaient abusé de leur puissance[1]; mais l'autorité paternelle, quoiqu'ébranlée dans l'opinion publique, n'en restait pas moins absolue en principe.

24. Alexandre Sévère fut le premier qui tenta, sinon de la restreindre, du moins d'en régler l'exercice. Par une constitution rendue en l'anné 228 après J. C., il ne permit au père que d'infliger au fils des corrections légères, *castigare*, et il l'obligea, en cas de mécontentement grave, à porter sa plainte devant le préteur ou le gouverneur de la province[2]; néanmoins le père put toujours décerner contre son enfant, par voie d'ordre, le châtiment qui lui paraissait convenable[3], mais le magistrat seul avait le droit de prononcer la peine de mort[4].

Cette loi était donc abolitive du droit de vie et de mort, mais elle manquait encore de sanction; les violences exercées par le père sur son fils étaient excusées[5], l'action d'injures était refusée à celui-ci, même contre les injures atroces[6], et la loi *Pompeia de parricidiis* laissait impuni le meurtre commis par le père sur la personne de son enfant[7].

Constantin combla cette lacune en soumettant le père à la peine du parricide[8].

Enfin Valentinien et Valens répétèrent que le droit

1. Papinien, L. 5, Si a parente quis manumissus sit (37, 12). — Marcien, L. 5, De lege Pompeia de parricid. (48, 9). Cpr. Senèque, De clementia, I, 14.

2. Alex. Sév., c. 3, De patria potest. (8, 47).

3. .... *dicturo sententiam, quam tu quoque dici volueris* (ibidem).

4. Ulpien, L. 2, ad. leg. Cornel. de sicariis (48, 8) : ACCUSARE *debet apud præsidem*.

5. Claudius Saturninus, L. 16, § 2, De pœnis (48, 19).

6. Ulpien, L. 7, § 3, De injuriis (47, 10).

7. Marcien, L. 1, De lege Pompeia (48,9), Paul, Sent., l. V, t. 24.

8. An 318. Constantin, C. un. C. Th., De parricid. (9, 15), et C. un. C. Just. De his qui parentes vel liberos occiderunt (9, 17).

paternel devait se réduire à un simple droit de correction; et ils attribuèrent aux juges seuls la connaissance et la punition de tous les manquements qui pouvaient entraîner une peine grave[1].

Ainsi, la puissance paternelle devint enfin ce qu'elle devait être, une puissance protectrice pour les enfants, et cette noble parole de l'empereur Adrien se trouva réalisée dans la loi : *patria potestas in pietate debet, non in atrocitate consistere*[2].

SECTION II.

DU DROIT QUI APPARTIENT AU PÈRE DE VENDRE SES ENFANTS ET DE LES DONNER A LA NOXE.

SOMMAIRE.

25. Le père peut vendre ses enfants. Causes qui autorisent cette mancipation : spécialement de la dation à la noxe.
26. Effets de la mancipation : 1° Entre le père et l'enfant.
27. Suite. 2° Entre l'enfant et le *mancipio accipiens*.
28. Suite. Cessation du *mancipium*.
29. Abolition successive du droit du père.
30. Lois de Constantin.
31. Lois de ses successeurs.

25. Un autre droit découlant pour le père de sa puissance paternelle est celui de vendre ses enfants, suivant le rite solennel de la mancipation[3]. Il est à peu près impossible d'assigner d'une manière générale les causes qui déterminent le père à user de ce droit rigoureux; il est cependant permis de présumer que la mancipation de l'enfant se présente le plus souvent soit comme un moyen pour le père de se procurer des ressources pécuniaires, soit comme forme de la *noxæ datio*, de

1. An 365. Valentin. et Val., C. un. C. Th., De emend. propinq. (9, 13); et C. un. C. Just. eod. tit. (9, 15).
2. Marcien, L. 5, De lege Pompeia de parric. (48, 9).
3. Gaïus, I, 117.

l'adoption, ou de l'émancipation[1]. La vente *lucri causa* est vraisemblablement la plus ancienne de toutes ; c'est sans doute celle que la loi des Douze-Tables avait en vue dans ce fragment : SI PATER FILIUM TER VENUM DEDIT, FILIUS A PATRE LIBER ESTO[2] : nous en étudierons tout à l'heure les effets. La *noxæ datio* consistait dans l'abandon que le père pouvait faire de son enfant à celui auquel ce dernier avait causé un préjudice par un fait délictueux ; elle se consommait par une vente, au moyen de laquelle le père transmettait à la personne dont il s'agissait les droits utiles renfermés dans sa puissance paternelle. Enfin, comme le père perdait sa puissance sur son enfant, alors qu'il avait vendu celui-ci par trois fois consécutives, l'usage s'introduisit peu à peu d'employer ces formalités pour éteindre volontairement la puissance du père, soit que celui-ci désirât en affranchir définitivement son fils, ou seulement le faire passer sous l'autorité d'un autre *paterfamilias*.

26. Nous avons dit que le père peut vendre son enfant ; gardons-nous toutefois d'attribuer à ce mot le sens technique qu'on lui donne dans le droit des choses. Le père, n'étant pas propriétaire de son enfant ne peut pas transférer à un étranger un domaine qui n'appartient pas à lui-même ; il peut simplement lui céder tout ou partie de sa puissance. C'est à cela, en définitive, que se réduisent les effets de la vente.

Entre le père et le fils, toutes les relations fondées sur la descendance et la parenté civile sont brisées, au

1. Gaïus, I, 132 ; IV, 7, 9. Ulpien, X. 1. — La vente d'un enfant de famille peut aussi se présenter comme un châtiment infligé à ce dernier. Le père trouve dans son *jus vitæ et necis* le droit de réduire son enfant en esclavage, en le vendant *trans Tiberim* ou en le livrant à un peuple étranger, *hostibus dedere*. Cic. Pro Cæc., 34 ; De orat. 1, 40. Mais ce droit n'a rien de commun avec le *jus vendendi* dont il est ici question.

2. Loi des Douze-Tables, table IV, nº 3.

moins momentanément; elles se reformeront de plein droit, si l'enfant vient à être affranchi de la puissance de celui à qui le père l'avait mancipé; mais après trois ventes successives, la puissance du père est éteinte sans retour: *si pater filium ter venumdedit, filius à patre liber esto.* Au contraire, les filles et les enfants de l'un ou de l'autre sexe, au delà du premier degré, ne retombent plus sous la puissance du *paterfamilias*, du moment où une seule mancipation les en avait fait sortir[1].

27. D'un autre côté, celui qui figure au contrat comme acheteur, ou plutôt comme *mancipio accipiens*, acquiert sur l'enfant de famille qui lui a été mancipé le pouvoir appelé *mancipium*, pouvoir spécial, mais qui se rapproche par différents points de la puissance paternelle et de la puissance dominicale[2].

Celui qui est *in mancipio* est assimilé à l'esclave, mais en ce sens seulement qu'il doit ses services à son maître, et qu'il lui acquiert la propriété de toutes les choses qu'il s'est procurées par son industrie et son travail, ou qui lui sont échues de toute autre façon[3]. Mais, malgré son incapacité juridique, il ne devient pas la propriété de son maître et n'est pas possédé par lui[4]; et par suite il ne peut ni être usucapé par lui, ni lui acquérir la possession. La loi défend même, sous des peines sévères, de donner ou de recevoir un enfant de famille à titre de gage ou de fiducie, un pareil engagement contenant le germe d'une aliénation prohibée[5].

L'enfant *in mancipio* reste d'ailleurs libre et ingénu[6],

1. Loi des Douze-Tables, tab. IV, n° 3. Gaïus, I, 132. Ulp., X, 1.
2. Gaïus, I, 123, 138. Paul, L. 3, § 1, De capite minutis (4, 5.)
3. Gaïus, II, 86, 90.
4. Gaïus, II, 90. Zimmern, *Rechtsgeschichte*, § 122, note 18.
5. Paul, Sent. rec., lib. V, tit. I, § 1. Paul, L. 5, Quæ res pignori vel hypoth. (20, 3). Dioclét. et Maxim., c. 6, Quæ res pignori oblig. poss. (8, 17). Dioclét. et Maxim., c. 12, De obligat. et action. (4, 10). Constantin, c. 10, De patria potest. (8, 47). Justin. Nov. 134, c. 7.
6. Paul, Sent. rec., lib. V, tit. I, § 1.

et peut toujours faire prévaloir son ingénuité en justice, nonobstant toutes conventions ou toutes prohibitions contraires[1].

Il y a plus : loin d'être détériorée, sa condition personnelle est même améliorée dans de certaines limites. La loi le protège par l'action d'injures contre les mauvais traitements de son maître[2], tandis que cette action est toujours refusée à l'esclave et à l'enfant en puissance[3], et qu'elle ne se donne que difficilement aux enfants émancipés[4]. Il acquiert, après sa manumission, la puissance paternelle sur les enfants conçus de lui après sa troisième mancipation, *dum est in tertia mancipatione*[5]. Enfin ses obligations contractuelles ne donnent point ouverture aux actions *adjectitiæ qualitatis;* mais la loi veut qu'on fasse hypothétiquement abstraction de son changement d'état, et que, pour le cas du moins où celui sous le *jus* duquel il se trouve, ne prend pas entièrement son fait et cause, il réponde de son engagement sur les biens qui lui appartiendraient, s'il n'était pas *in mancipio*[6].

28. Le *mancipium* cesse par la manumission suivant les formes solennelles admises pour l'affranchissement des esclaves[7] ; mais les dispositions prohibitives de la loi *Ælia Sentia* ne reçoivent point ici d'application[8]. Bien plus, l'enfant *in mancipio* peut forcer son maître à l'affranchir, lorsque, mancipé *ex noxali causa*, il a procuré à ce maître, par son travail, des avantages équiva-

1. Paul, Sent. rec., lib. V, tit. I, §§ 1 et 3. Antonin, c. 1. Valér. et Gall., c. 6. Et Diocl. et Maxim., c. 16, De liber. causa (7, 16).
2. Gaïus, I, 141.
3. Ulpien, L. 7, § 3, De Injur. (47, 10).
4. Ibidem.
5. Gaïus, I. 135.
6. Gaïus, IV, 80.
7. Gaïus, I, 138.
8. Gaïus, I, 139.

lents au dommage que son délit lui avait causé[1]. Par la manumission l'enfant redevient *sui juris*; il n'a d'ailleurs pas perdu son ingénuité[2] : seulement la fiction de la loi le place vis-à-vis de son ancien maître, dans une position analogue à celle d'un affranchi; son maître devient son patron, son tuteur[3], son héritier légitime.

Il en est autrement toutefois, si la vente a été faite par le père, sous la condition formelle de la remancipation, *ut filius sibi remanciparetur*; dans ce cas, en effet, la manumission est interdite au maître; car il est obligé par son contrat de faire passer le fils sous le *mancipium* de son père, qui ensuite l'affranchira, pour le soumettre à son patronage[4].

29. L'usage de vendre ses enfants en puissance dut se perdre peu à peu avec les causes qui le légitimaient dans le principe. Employée pour conduire à l'émancipation, la vente n'était déjà qu'un symbole vide de sens; elle devint inutile, lorsqu'à ces formalités longues et compliquées, Anastase, et plus tard Justinien, eurent substitué des formes à la fois plus simples et plus rationnelles[5].

D'un autre côté, la *noxæ datio* devint de moins en moins fréquente, par suite de la création des pécules, et de l'introduction de l'action *de peculio* et des autres actions *adjectatiæ qualitatis*. L'enfant de famille pouvant être recherché directement à raison de son délit, et ses pécules répondant au créancier du paiement de sa créance[6], l'exécution sur les biens remplaça successivement l'ancien mode d'exécution sur la personne, et

1. Gaïus, I, 140.
2. Paul, Sent. rec., lib. V, tit. I, §§ 1 et 2.
3. Gaïus, I, 115. Ulpien, XI, 5.
4. Gaïus, I. 140.
5. Anastase, an 503. c. 5, Justinien, c. 6, De emancip. liber. (8, 49).
6. Pomponius, L. 33. Julien, L. 34. Ulpien, L. 35, De noxalib. action. (9, 4).

quand Justinien abolit définitivement la dation à la noxe, il ne fit de son propre aveu que donner la sanction législative à une réforme accomplie depuis longtemps dans les mœurs[1].

Enfin, dans une constitution que nous avons déjà citée[2], Antonin appelle la vente des enfants de famille *rem illicitam atque inhonestam* : il est vraisemblable qu'il s'agissait dans l'espèce d'une vente faite dans le désir de réaliser un lucre ; et nous connaissons les obstacles que la législation oppose à ces sortes de ventes[3].

30. Il paraît néanmoins que, malgré la sévérité de la loi, il arrivait fréquemment que des pères inhumains ou malheureux en enfreignissent la disposition. Constantin tenta de louables efforts pour déraciner cet abus[4]; il échoua, et fut forcé de céder au torrent. Par une constitution de l'an 329, il permit au père qui se trouvait dans la misère, de vendre ses enfants nouveaux-nés, *sanguinolentos*, en maintenant, en dehors de ces deux conditions, la prohibition générale portée par ses prédécesseurs[5].

Mais, tout en s'en référant aux *«statuta priorum principum»*, Constantin introduisait réellement un droit nouveau. Et, en effet, d'après l'ancienne législation, le fils de famille n'était point aliéné, quoique l'on employât les formes de la vente ; il était simplement obligé à servir son maître, mais il restait libre et ingénu, et sa condition personnelle était même sensiblement améliorée. D'après le droit moderne, le fils entre réellement dans le patrimoine de l'acheteur, et devient son esclave ; l'acte dont il s'agit est si bien une vente

1. § 7, Inst. De noxalib. action. (4, 8).
2. Antonin, c. 1, De liberali causa (7, 16).
3. Voyez plus haut, nº 27, page 32, texte et note 5.
4. An 322. Constantin, c. 2, C. Th., De aliment. quæ inopes parentes de publico petere debent (11, 27). C. 1, C. Inst. eod. tit.
5. An 329. Constantin, c. 1, C. Th., De his qui sanguinol. (5, 8).

sérieuse et vraie, qu'il ne produit d'effet que par la rédaction d'un *instrumentum*, et par la numération du prix qui y est porté; le fils devient si bien la propriété, la chose de son acquéreur, que celui-ci peut à son tour le vendre, pour arriver ainsi à l'extinction de ses dettes: il est probable même qu'il passe à titre de succession aux héritiers de cet acheteur. Néanmoins, la liberté du fils de famille n'est pas engagée sans retour: le père peut toujours le réclamer, *ad libertatem repetere*, soit de son acheteur lui-même, soit de toute personne à laquelle celui-ci peut l'avoir revendu, mais à la condition seulement de le remplacer par un esclave de la même valeur[1], ou de payer le prix qu'il peut valoir[2]. Il semble que ce prix sera convenu entre le père et le propriétaire actuel de l'enfant, ou réglé par le juge d'après l'âge de cet enfant, ses facultés morales et physiques, en un mot, les services qu'il est à même de rendre; ainsi s'accomplira une nouvelle vente, qui anéantira, mais pour l'avenir seulement, les effets de la première[3].

31. Ce fut Théodose-le-Jeune qui répara l'injustice du système introduit par le premier César chrétien, et qui corrigea le déplorable exemple que Constantin avait donné par sa faiblesse. Revenant aux anciens principes du droit, et rendant à la liberté la faveur qu'elle méritait, il voulait que tous les enfants vendus par leurs pères fussent immédiatement rendus à leur liberté primitive, sans que les acheteurs pussent demander aucune restitution, ni aucune indemnité, quelque court que fût le temps pendant lequel les enfants avaient été en leur puissance[4].

1. *Ejusdem modi alium præstet* (termes de la loi citée de Constantin).
2. *Aut pretium quod potest valere exsolvat* (idem).
3. Constantin, c. 1, C. Th., De his qui sanguinol. (5, 8), et Godefroi, sur cette loi.
4. An 391. Théodose et Arcad., c. 1. C. Th., De patribus qui filios suos distraxer. (3, 3).

Mais bientôt Valentinien III dut faire une nouvelle concession à la misère des temps; il rentra, pour ainsi dire, dans le système de Constantin; mais il décida d'une façon uniforme que la restitution due à l'acheteur d'un enfant de famille se composerait toujours du prix réellement payé par lui, et augmenté d'un cinquième [1].

Enfin Justinien mit un terme à cet état de choses, en défendant sous des peines sévères tout acte ayant pour objet de détruire ou seulement d'engager la liberté d'un enfant de famille [2].

SECTION III.

DE QUELQUES AUTRES DROITS APPARTENANT AU PÈRE SUR LA PERSONNE DE SES ENFANTS.

SOMMAIRE.

32. Du droit de consentir au mariage de ses enfants, et de leur donner un tuteur par testament.

32. Nous devons encore mentionner ici le droit du père de consentir au mariage de ses enfants [3], et celui de leur donner un tuteur par testament [4], lorsque, étant encore impubères, ils vont par son décès devenir *sui juris*. L'un et l'autre de ces droits découlent de la puissance paternelle; ils n'appartiennent jamais qu'au père investi de cette puissance; ils cessent dès que l'enfant en est affranchi [5].

1. An 451. Novelles de Valentinien III, tit. XI, c. 1.
2. Justinien, Nov. 134, c. 7.
3. Pr., Inst. De nuptiis (1, 10). Ulpien, V, 2.
4. § 3, Inst. 1, 13. Gaïus, I, 144, 146. Ulpien, XI, 14, 15. Gaïus, L. 1, De testam. tut. (26, 2).
5. Modestin, L. 25, De ritu nuptiar. (23, 2). Voyez aussi les textes cités aux notes 3 et 4.

Le père peut aussi dans son testament désigner la personne sous la curatelle de laquelle il désire voir placer son fils encore mineur : cette désignation ne vaut pas nomination ; mais elle est ordinairement prise en considération par le magistrat chargé de nommer le curateur[1].

Au contraire, la nomination d'un tuteur, faite par le père dans son testament, est souveraine, pourvu que son choix ne soit pas tombé sur une personne incapable des fonctions de la tutelle[2].

Le père est aussi, en droit strict, maître absolu d'accorder ou de refuser à son enfant le consentement dont il a besoin pour son mariage; cependant, dans le droit des Pandectes, le père dont le refus n'est pas fondé peut être forcé par le préteur à laisser passer outre à la célébration du mariage[3].

SECTION IV.

DE L'EXPOSITION DES ENFANTS.

SOMMAIRE.

33. Droit ancien.
34. Dispositions édictées par Constantin et ses successeurs.

33. Il paraît aujourd'hui hors de doute que les anciennes lois de Rome imposaient au père de famille le devoir de détruire tous ceux de ses enfants que la faiblesse de leur constitution ou quelque difformité congéniale rendaient incapables de servir la République comme soldats ou comme citoyens; c'est du moins ce qu'on peut conclure d'un usage constant du peuple romain, rapporté et approuvé par Sénèque le philo-

1. § 1, Inst. De curat. (1, 23).
2. PATERFAMILIAS UTI LEGASSIT SUPER PECUNIA TUTELAVE SUÆ REI, ITA JUS ESTO. Loi des Douze-Tables, tab. V, n° 3.
3. Marcien, L. 19, De ritu nupt. (23, 2).

sophie: *Portentosos fœtus extinguimus; liberos quoque, si debiles monstrosique editi sint, mergimus.* NON IRA, SED RATIO EST A SANIS INUTILIA SECERNERE[1]. Nous savons seulement par le témoignage de Denys d'Halicarnasse[2] et de Tite-Live[3], que le meurtre des enfants âgés de moins de trois ans ne pouvait s'accomplir que s'il était autorisé par cinq citoyens romains, chargés de vérifier et de reconnaître la difformité des enfants.

Il est vraisemblable cependant que bien des pères, mus par des sentiments d'humanité, mais trop faibles pour résister à la cruauté de la loi, aimèrent mieux exposer leurs enfants que de les tuer, pour s'éviter ainsi la douleur d'être auteurs ou témoins de leur mort, et pour conserver encore l'espoir de les voir recueillir par quelque personne charitable[4]. Ainsi s'établit un autre usage, également barbare, mais aussi également réprouvé par les publicistes et les jurisconsultes, suivant qu'ils se plaçaient au point de vue étroit et rigoureux de la politique romaine, ou à celui plus haut et plus noble de l'humanité: tandis que Cicéron se plaint amèrement de voir éluder la loi ancienne[5], le jurisconsulte Paul proclame ce principe où respire la morale la plus élevée et la plus pure: «*Necare videtur non tantum is qui partum perfocat, sed et is qui abjicit, et qui alimonia denegat, et qui publicis locis misericordiæ causa exponit, quam ipse non habet*[6].»

34. Ces paroles énergiques indiquent suffisamment le mouvement qui s'était opéré dans l'opinion publique; elles ne s'attaquent point directement à la loi des Douze-Tables, dont la prescription était sans doute

1. Sénèque, De ira, lib. I, c. 15.
2. Denys d'Halicarn., II, 15.
3. Tite-Live, XXIX, 22; XXVII, 37.
4. Cpr. Paul, L. 4, De agnosc. lib. (25, 3).
5. De legibus, lib. III, c. 8. Voy. aussi Sénèque, De ira, lib. I, c. 15.
6. Paul, L. 4, De agnosc. liber. (25, 3).

tombée en désuétude; mais elles impriment un blâme sanglant à ces pères coupables, qui, manquant de l'énergie nécessaire pour lutter contre le malheur, trouvaient dans l'exposition de leurs enfants un moyen trop facile pour s'affranchir des plus saints devoirs de la paternité. Cependant Constantin fut le premier qui essaya de réprimer législativement cette sauvage coutume, et encore les moyens qu'il mit en œuvre étaient-ils bien peu satisfaisants.

Il accorda d'abord aux parents pauvres et hors d'état de nourrir leur famille des secours sur les fonds du trésor public [1].

Il permit ensuite au père réduit à la misère de vendre ses enfants nouveaux-nés, *sanguinolentos*, en lui réservant toutefois la faculté de les revendiquer en tout temps, *ad libertatem revocare* [2].

Enfin il détermina les effets de l'exposition entre l'enfant exposé et son père, d'une part, et, d'autre part, entre cet enfant et celui qui l'avait recueilli. Ces effets sont les suivants :

a) Le père est déchu de sa puissance paternelle, et ne peut plus réclamer son enfant, pourvu toutefois que l'exposition ait été volontaire de sa part, ou, si elle n'est pas son fait personnel, qu'il en ait eu connaissance, et l'ait approuvée, même tacitement : *patris voluntate scientiaque* [3].

b) Celui qui a recueilli l'enfant exposé et qui l'a nourri et élevé, le conserve en sa possession, et devient son père ou son maître, suivant qu'il l'a recueilli comme son fils ou comme son esclave [4].

1. An 315. C. 1, C. Th. De alim. quæ inop. par. a publ. petere debent (11, 27). An 322, c. 2, eod.

2. An 320. C. 1, C. Th. De his qui sanguinol. (5, 8). Voy. aussi supra, nos 30 et 31.

3. An 331. C. 1, C. Th. De exposit. (5, 7).

4. C. 1, C. Th., De expos. (5, 7).

Valentinien III répéta ces dispositions[1]. Honorius et Théodose le jeune y ajoutèrent que l'option du père-nourricier entre la puissance paternelle et la puissance dominicale serait constatée dans un acte solennel dressé par l'Evêque du lieu, assisté de témoins[2].

Justinien maintint en vigueur les prescriptions édictées par ses prédécesseurs; mais il perfectionna leur système, en décidant que l'enfant exposé serait toujours libre, ingénu, *sui juris*[3].

Il nous paraît aussi vraisemblable qu'à la dernière époque de la législation impériale, le père, convaincu d'avoir exposé son enfant nouveau-né, subissait, indépendamment des peines civiles dont nous venons de parler, la peine décernée par la loi criminelle contre le crime de meurtre[4].

CHAPITRE II.

Des droits du père sur les biens de ses enfants en puissance et de la capacité civile de ceux-ci.

SOMMAIRE.

35. Division du chapitre.

35. Nous aurons à envisager la capacité civile du fils de famille, tant dans ses relations avec les tiers que dans ses relations avec le père de famille. Nous consacrerons donc une première section de notre chapitre à l'étude des relations juridiques du fils de famille avec les tiers : nous y considérerons sa capacité, 1° activement; 2° passivement. Une seconde section aura pour rubrique : *Des relations juridiques de l'enfant de famille avec son père.*

1. An 374. Valent., Valens et Gratien, c. 2, De infant. expos. (8, 52).
2. Art. 412. Honorius et Théod., c. 2, C. Th. De exposit. (5, 7).
3. C. 3, 4, De infant. expos. (8, 52).
4. An 374. Valent., Valens et Gratien, c. 2, Ad. leg. Corn. de Sicar. (9, 16). Cbn. Paul, L. 4, De agnosc. lib. (25, 3).

SECTION PREMIÈRE.

DES RELATIONS JURIDIQUES DE L'ENFANT DE FAMILLE AVEC LES TIERS.

§ 1er.

De la capacité civile de l'enfant de famille activement considérée.

SOMMAIRE.

36. Le fils de famille n'a point de patrimoine.
37. Cependant il peut acquérir des tiers et stipuler avec eux; mais les engagements contractés envers lui ne profitent qu'à son père.
38. Des actes interdits à l'enfant de famille.
39. Modifications apportées aux anciens principes par l'introduction des pécules. Notion du pécule.
40. Du pécule castrense. Spécialement des biens qui y sont compris.
41. Suite. Des droits du fils sur son pécule castrense.
42. Suite. Des droits du père sur le pécule castrense de son fils.
43. Du pécule quasi-castrense.
44. Du pécule profectice.
45. Du pécule adventice. Droit ancien.
46. Suite. Droit moderne. Des biens compris dans le pécule adventice.
47. Suite. Des droits du fils et du père sur le pécule adventice.
47bis. Suite. De la succession aux biens adventices.

36. Le Droit civil de Rome reconnaissait au père seul le droit d'avoir un patrimoine, de devenir créancier ou propriétaire; *paterfamilias est qui in domo dominium habet*[1]; il excluait par là même, ou du moins il restreignait singulièrement la personnalité juridique des enfants de famille. Parvenu à l'âge de puberté, le fils de famille est, au moins au regard des tiers, pleinement capable d'agir et de contracter; il peut acquérir, il peut stipuler. Seulement, comme il n'a pas de patrimoine, il est impossible qu'il devienne, en son nom,

1. Ulpien, L. 195, § 2, De verb. sign. (50, 16).

créancier, propriétaire; mais son père profite toujours des actes faits par lui, soit qu'il s'agisse de l'acquisition d'un droit réel ou de celle d'un droit personnel[1]. C'est au père que se donnent également toutes les actions nées contre les tiers des engagements qu'ils ont contractés envers le fils[2]. L'enfant de famille figure donc dans ces relations comme une sorte de représentant légal de son père; par suite, il ne peut y avoir entre eux ni obligation, ni action[3], leurs personnes se confondant, pour ainsi dire, en une seule et même personne. Mais cette représentation légale n'a d'effet qu'au profit du père, pour le faire jouir des avantages résultant des conventions faites par son fils avec des tiers; mais il ne peut jamais être obligé par son fils, à moins que l'obligation ne résulte d'un délit commis par ce dernier[4].

37. Nous avons dit que le fils de famille n'obtient jamais d'action en son nom personnel, *suo nomine*. Cette règle est pourtant soumise à plusieurs exceptions :

1° Le fils peut obtenir les actions nées des délits commis à son préjudice[5]. Mais il faut pour cela que son père soit absent sans avoir laissé de procuration[6] ou empêché de manifester sa volonté[7], ou que le père ou son mandataire refusent à tort d'agir[8]; en un mot,

1. Pr. et § 1, Instit. Per quas personas nobis adquir. (2, 9). Pr., Instit. Per quas person. nobis oblig. acquir. (3, 29). Gaïus, II, 86, 87, 89; III, 163. Ulp., XIX, 18, 19.

2. Paul, L. 9, De obligat. et act. (44, 7). *Filiusfamilias suo nomine nullam actionem habet.*

3. Gaïus, III, 104. § 6, Inst. De inutil. stipulat. (3, 19). Africain, L. 38, §§ 1 et 2, De condict. indeb. (12, 6). Gaïus, L. 4, De judic. (5, 1).

4. Gordien, c. 1, Ne filius pro patre (4, 13).

5. Paul, L. 9, De oblig. et action. (44, 7). Ulpien, L. 17, § 10, De injur. (47, 10). Ulp., L. 18, § 1, De judic. (5, 1).

6. Ulpien, L. 17, § 10, De injur. (47, 10).

7. Ulpien, L. 17, § 1, De injur. (47, 10).

8. Ulpien, L. 17, §§ 12, 13, 14, De injur. (47, 10).

qu'il y ait une impossibilité absolue à ce que l'action soit intentée par une autre personne que le fils lui-même.

2° Les actions nées des contrats sont également accordées au fils sous les mêmes conditions[1].

3° La fille de famille peut introduire en son nom personnel l'action *rei uxoriæ*[2].

L'enfant de famille est également capable d'agir en son nom personnel:

4° Dans les actions *commodati* et *depositi*[3]; car pour donner une chose à titre de commodat ou de dépôt, il n'est pas nécessaire d'en être propriétaire, il suffit d'en être détenteur;

5° Dans les actions *in factum*[4];

6° Dans toutes les voies de droit d'origine purement prétorienne, telles notamment que la *querela inofficiosi testamenti*[5], l'interdit *quod vi aut clam*[6], les *cognitiones extraordinariæ*[7].

38. La capacité de l'enfant de famille est pourtant toujours restreinte par l'influence du principe de droit qui lui refuse tout patrimoine; il ne peut donc ni faire aucune aliénation, soit entrevifs, soit à cause de mort[8], *quia nihil suum habet*, ni intenter l'action en revendication, ni acquérir par la cession *in jure*[9], qui n'est autre chose qu'une revendication fictive.

1. Ulpien, L. 18, § 1, De judic. (5, 1).
2. Argum. Ulpien, L. 3, § 5, De minor, (4. 4). Ulp., Reg., VI. 6. Vat. fr., § 269.
3. Paul, L. 9, De obligat. et action. (44, 7). Ulpien, L. 19, Depositi vel contra (16, 3).
4. Ulpien, L. 13, De oblig. et action. (44, 7).
5. Triphonien, L. 22, Pr.. De inoffic. testam. (5, 2).
6. Paul, L. 9, De oblig. et act. (44, 7). Ulpien, L. 13, § 1; L. 19, Quod vi aut clam. (43, 24).
7. Ulpien, L. 17, De rebus creditis (12, 1).
8. Ulpien, Reg., tit. XX, reg. 10.
9. Gaïus, II, 96.

39. La création des pécules apporta à ces principes des modifications profondes. Qu'est-ce donc qu'un pécule? Nous appelons ainsi un bien détaché en fait de la fortune du père, et sur lequel l'enfant a obtenu des droits plus ou moins étendus d'administration, de jouissance, ou même de disposition, sans que toutefois ce bien cesse en droit de faire partie du patrimoine du père, ni qu'il constitue pour l'enfant un patrimoine proprement dit.

Fondée dans l'origine sur la seule volonté du père de famille, la constitution du pécule n'avait pas d'autres effets que ceux qu'il plaisait au père lui-même de lui attribuer. Plus tard, la loi, prenant en main la cause des enfants, détermina les biens qui feraient partie de leur pécule, limita et garantit leurs droits sur ces mêmes biens. Elle considéra comme *bona peculiaria* tout ce que le fils de famille avait acquis soit au service militaire, soit dans l'exercice d'une fonction publique civile; elle permit de plus aux enfants de famille d'acquérir des biens soit de leur père, soit de personnes étrangères. Ainsi l'on distingua quatre espèces de pécules, qu'on désigna respectivement par les dénominations de castrense, quasi-castrense, profectice, adventice.

40. Le pécule castrense comprend toutes les choses, de quelque nature qu'elles soient, acquises par un fils de famille, dans un service militaire, ou simplement à l'occasion d'un pareil service, ou pendant qu'il se trouve sous les drapeaux. *Castrense peculium, est quod in castris acquiritur, vel quod proficiscenti ad militiam datur*[1]. Ainsi il embrasse non-seulement la solde du militaire, le butin

1. Paul, Sent., lib. III, tit. IV^a, § 3, in fine. Cpr. Macer., L. 11, De castr. pec. (49, 17). *Castrense peculium est, quod a parentibus vel cognatis in militia agenti donatum est, vel quod ipse filiusfamilias in militia acquisiit, quod, nisi militasset, acquisiturus non fuisset; nam quod erat et sine militia acquisiturus, id peculium ejus castrense non est.*

qu'il a fait, les récompenses qu'il a obtenues de ses chefs pour ses services, mais encore tout ce qui lui a été donné par ses parents ou ses amis à son départ pour l'armée [1], ou depuis, lorsque, d'ailleurs, c'est sa présence sous les drapeaux qui a été la cause déterminante ou occasionnelle des dons qui lui ont été faits, *quod, nisi militasset, acquisiturus non fuisset* [2]. La loi décide notamment, par une disposition spéciale, que si le fils est institué héritier par un de ses compagnons d'armes, ou par une personne qu'il a connu à l'armée, cette institution profite à lui-même, et non à son *paterfamilias* [3]. Un rescrit de l'empereur Adrien fait même entrer dans cette nomenclature la succession testamentaire de la femme du soldat, lorsqu'elle lui a été déférée pendant qu'il était au service militaire [4]. Enfin, le caractère de biens castrenses appartenait, par une espèce de subrogation légale, à toutes les choses acquises au moyen ou en échange des valeurs comprises dans le pécule [5].

Mais le fils de famille continuait à acquérir pour son père, et non pour lui-même, tous les biens qui ne lui étaient pas échus en considération de sa qualité de soldat [6].

Dans aucun cas, la seule volonté d'un donateur ou d'un testateur ne pouvait suffire pour imprimer le caractère de biens castrenses aux choses qui avaient fait l'objet de sa disposition : *veritatem enim spectamus, an vero castrensis notitia vel affectio fuit, non quod quis finxit* [7].

1. Tertullien, L. 4, Pr. De castr. pec. (49, 17). Alexander, c. 1, De castr. pec. (12, 37).
2. Macer, L. 11, De castr. pec. (49, 17).
3. Alex., c. 1, De castr. pec. (12, 37). Gordien, c. 4, eod. Ulp., L. 5, eod. (49, 17).
4. Papinien, L. 13, L. 16, Pr. De castr. pec. (49, 17).
5. Alexandre Sévère, c. 1, De castr. pec. (12, 37).
6. Papinien, L. 16, De castr. pec. (49, 17).
7. Ulpien, L. 8, De castr. pec. (49, 17).

41. Les premiers empereurs accordèrent au fils de famille le droit de disposer par testament de son pécule castrense[1]; et plus tard Adrien étendit cette concession aux vétérans, *post missionem*, c'est-à-dire aux soldats renvoyés honorablement dans leurs foyers après l'expiration de leur temps de service[2]. Il en résulte que le pécule castrense une fois acquis au fils de famille, lui appartint irrévocablement, alors même que la cause qui y avait fait comprendre certains biens venait à cesser. On dut donc toujours, pour apprécier si une chose constituait ou non un bien castrense, s'en rapporter à l'époque et à l'origine de son acquisition.

Le droit de disposer par testament fut plus tard étendu, par un argument à *majori ad minus*, à toute espèce d'aliénation, à quelque titre que ce fût, soit entre-vifs ou à cause de mort, même par donation[3]. Le fils de famille fut affranchi de la défense portée au sénatus-consulte macédonien[4]; il put, sans l'autorisation de son père, devenir propriétaire et créancier, même par les esclaves *peculiares*[5], affranchir ces mêmes esclaves de sa puissance[6], acquérir sur eux, après leur affranchissement, et même à l'exclusion de son père, tous les droits du patron[7], accepter une hérédité, lorsque les biens qui y étaient compris devaient grossir son pé-

1. Ulpien, Reg., tit. XX, reg. 10. Pr. Inst. Quibus non est permiss. fac. testam. (2, 12).
2. Pr. Inst. Quib. non est permiss. fac. test. (2, 12).
3. Ulpien, L. 7, § 5, De donation. (39, 5). Alex. Sév., c. 2. De castr. pec. (12, 37).
4. Ulpien, L. 1, § 3, L. 2, De senatuscons. maced. (36, 1).
5. Papinien, L. 15, § 3. Marcianus, L. 18, Pr. De castr. pec. (49, 17).
6. Triphoninus, L. 19, § 3, De castr. pec. (49, 17).
7. Marcianus, L. 22, De bon. libert. (38, 2). Modestin, L. 8, Pr. De jure patron. (37, 14). Ulpien, L. 3, § 8, De bon. libert. (38, 2). Ulp., L. 3, § 7, De suis (38, 16). Ulp., L. 45, § 3, De ritu nuptiar. (23, 2). Ulp., L. 3, § 3, in fine, De adsign. libert. (38, 4). Ulp., L. 30, § 2, Qui et a quib. manum. (40, 9). Papinien, L. 13, De castr. pec. (49, 17).

cule, introduire enfin, au sujet de ses biens castrenses, toutes actions en justice[1].

42. Le fils de famille placé à la tête d'un pécule castrense se trouvait donc, pour tous les actes relatifs à ce pécule, aussi pleinement capable que l'homme *sui juris*, que le *paterfamilias*; sa capacité n'était pas même restreinte dans ses relations avec son père. Celui-ci n'avait plus aucun droit sur les biens compris dans le pécule[2]; il ne pouvait ni en percevoir les fruits, ni les aliéner en aucune façon, ni les grever d'aucune servitude ou charge réelle[3]: il ne pouvait, même en émancipant son fils, ou en le donnant en adoption, retirer de ses mains les biens qu'il avait acquis avec un caractère de biens castrenses[4]. Par suite aussi, la constitution de ce pécule ne le soumettait pas vis-à-vis des tiers à l'action *de peculio*, à raison des obligations consenties par son fils.

D'un autre côté, l'obligation et l'action, ordinairement impossibles entre le père et le fils deviennent ici parfaitement admissibles. Le père et le fils peuvent respectivement devenir débiteur et créancier, soit en stipulant directement l'un de l'autre, soit en employant à cet effet l'entremise des personnes placées sous leur dépendance[5]. Ils obtiennent aussi l'un contre l'autre toutes les actions nées des contrats intervenus entre eux[6].

Enfin, le pécule castrense du fils de famille passe, après son décès, comme toute autre hérédité, à ceux

1. Tertyllien, L. 4, § 1, De castr. pec. (49, 17).
2. Pomponius, L. 10, De castr. pec. (49, 17). Alex. Sév., c. 3, eod. (12, 37).
3. Marcianus, L. 18, § 3, De castr. pec. (49, 17).
4. Papinien, L. 12, De castr. pec. (49, 17).
5. Papinien, L. 15, §§ 1, 2, 3, De castr. pec. (49, 17).
6. Gaïus, L. 4, De judic. (5, 1).

qu'il a institués ses héritiers[1]; ceux-ci obtiennent tant l'action en pétition d'hérédité et la *bonorum possessio*[2], pour faire reconnaître leur droit héréditaire, et se faire envoyer en possession des biens de la succession, que l'action *familiæ erciscundæ*, pour en demander le partage[3]. Les legs et les fidéicommis faits par le fils de famille sont également respectés et demeurent soumis à tous les principes qui régissent ces sortes de dispositions[4].

Mais, si le fils de famille décède, sans avoir disposé de ses biens castrenses, ces biens retournent au père, qui les recueille non pas à titre d'héritier, mais à titre de propriétaire : il ne les acquiert point par droit de succession, il les retient en vertu d'un droit antérieur; il est censé en avoir toujours eu, en avoir toujours conservé le domaine[5]. Par suite, il devient, dès l'instant du décès de son fils, passible de l'action *de peculio*, à raison des obligations contractées par celui-ci envers les tiers[6]. Et, d'un autre côté, les actions nées des obligations contractées envers son fils, ou des autres droits acquis par ce dernier, lui appartiennent dès le même instant.

Les principes que nous venons d'exposer sont reconnus sans réserve dans le Digeste et dans le Code; mais d'après les Institutes, le droit de retour du père sur les biens castrenses est éteint par la présence d'enfants ou de frères et sœurs de son fils[7] : ni ce texte, ni au-

1. Ulpien, L. 2, De castr. pec. (49, 17). Ulpien, L. 2, § 2, Familiæ ercisc. (10, 2).

2. Paul, L. 34, De hæred. pet. (5, 3). Ulpien, L. 3, § 5, De bon. poss. (37, 1).

3. Ulp., L. 2, § 2, Famil. ercisc. (10, 2).

4. Marcien, L. 114, Pr. De leg. (I.). Ulp., L. 1, § 6, Ad. sct. Trebell. (36, 1).

5. Ulpien, L. 2, Papinien, L. 14, Pr., Tryphonnius, L. 19, § 3, De castr. pec. (49, 17). Diocl. et Maxim., c. 5, De castr. pec. (12, 37).

6. Papinien, L. 17, Pr. De castr. pec. (49, 17).

7. Pr. Inst. Quib. non est permiss. fac. test. (2, 12).

cun autre ne nous font connaître l'auteur et l'époque de cette innovation législative; peut-être n'est-elle due qu'aux jurisconsultes chargés de la rédaction des Institutes. Dans le droit des Novelles, le père n'a plus aucun droit de préférence, et la succession aux biens castrenses est réglée d'après l'ordre général déterminé par la Novelle 118, sans égard à l'origine particulière de ces biens[1].

La confiscation des biens du fils produit les mêmes effets[2].

Les biens castrenses ne forment donc point pour le fils de famille un patrimoine proprement dit, malgré les droits nombreux dont ils deviennent pour lui l'objet. Ne comprenant que certains biens spécialement déterminés, ce pécule ne participe point du caractère d'universalité qui est de l'essence du patrimoine; et la personnalité dont il devient la source pour le fils, n'existe, pour ainsi dire, que de fait dans les actes par lesquels elle s'est manifestée. Le décès du fils rend au droit du père, simplement suspendu jusque-là, tout son empire; les biens reprennent alors, comme s'ils ne l'avaient jamais perdu, le caractère d'un pécule, et rentrent à ce titre dans la fortune du père de famille.

43. La faveur accordée aux militaires par les premiers empereurs fut plus tard et successivement étendue à la plupart des fonctionnaires publics de l'ordre civil. Un pécule particulier leur fut donné, créé à l'instar du pécule castrense (d'où lui est venu le nom de pécule quasi-castrense), et régi absolument par les mêmes principes.

Par une constitution rendue vers l'an de Rome 326, Constantin disposa que les employés de son palais jouiraient, comme de biens castrenses, de toutes les choses

1. Nov. 118. Præf., c. 2.
2. Alex. Sév., c. 3, De bonis proscript. (9, 47).

acquises par eux dans l'exercice de leurs fonctions, ou par leur économie, ou par l'effet de la libéralité du prince. *Omnes palatinos..... rem si quam, dum in palatio nostro morantur, vel si parcimonia propria quæsiverint, vel donis nostris fuerint consecuti, ut castrense peculium habere præcipimus*[1].

Théodose-le-Grand et Valentinien assimilèrent aux employés du palais du prince les employés du préfet du prétoire[2].

Honorius et Théodose-le-Jeune accordèrent le même privilége, d'abord aux assesseurs des magistrats[3], puis aux avocats, sans distinction du tribunal auprès duquel ils exerçaient leur profession[4].

Léon et Anthémius l'étendirent aux évêques, prêtres et diacres[5].

Justinien maintint ces dispositions; mais il les généralisa, en ordonnant que les biens acquis par tous les fonctionnaires publics, soit à l'occasion de leurs fonctions, soit par la libéralité du prince, leur appartiendraient avec le caractère de biens quasi-castrenses[6].

44. Le pécule profectice était celui qui provenait à l'enfant des libéralités de son père; *quod ex substantia patris proficiscitur*. Il demeurait toujours la propriété du père, et n'était soumis à l'administration et à la disposition du fils que dans les limites déterminées par l'acte de concession[7]. Celui-ci ne pouvait donc les aliéner, soit à

1. Constantin, c. 15, C. Th. De privileg. eorum qui in sacro palatio militar. (6, 35). C. 1, C. Just. De castr. omn. palatin. pec. (12, 31).
2. Théodose et Valentin., c. 6, De castr. pec. milit. et præf. (12, 37).
3. An 422. Honor. et Theod., c. 2, C. Th. De assessor. (1, 12). C. 7, C. Just. De assessor. (1, 51).
4. An 422. C. 3, C. Th. De postul. (2, 10). C. 4, C. Just. De advoc. (2, 7).
5. An 466. C. 34, C. Just. De episcop. (1, 3).
6. C. 37, Pr. De inoffic. testam. (3, 28). C. 12, Qui testam. (6, 22). C. 7, De bon. quæ lib. (6, 61).
7. Marcianus, L. 1, § 1, Quæ res pign. (20, 3).

titre gratuit, soit à titre onéreux, qu'avec l'autorisation générale ou spéciale de son père[1], et cette autorisation résultait sans doute, à l'égard des actes de pure administration, de la concession *liberæ peculii administrationis*[2]. Dans tous les cas, les actes accomplis par le fils, d'après l'ordre ou avec le consentement général ou spécial de son père, avaient la même force que s'ils avaient été faits par le père lui-même[3]. Deux actes seulement lui furent toujours interdits à cause de leur nature particulière : le testament et la donation à cause de mort; mais, tandis que cette interdiction était absolue à l'égard du premier de ces actes[4], elle pouvait être levée, en ce qui concerne le second, par l'autorisation expresse et spéciale du père de famille[5].

Le père qui avait constitué le pécule à son fils par l'effet de sa libre volonté pouvait à tout moment révoquer sa libéralité par l'effet d'une volonté contraire[6]. Cette révocation s'opérait aussi, de plein droit, par tout événement qui mettait fin à la puissance paternelle, notamment par l'émancipation du fils, par sa mort, par la mort de son père, par toute diminution de tête de l'un ou de l'autre[7]; toutefois, si le père, en émancipant son fils, ne lui avait pas retiré son pécule, celui-ci en

1. Ulpien, L. 7, Pr., §§ 1, 2, 4, 5. Gaïus, L. 34, Pr. De novat. (46, 2). Modestin, L. 13, De jure patron. (37, 14). Marcianus, L. 1, § 1, cit.

2. Paul, L. 48, § 1, De pecul. (15, 1). Gaïus, L. 34, Pr. De novat. (46, 2). Ulpien, L. 52, § 26, De furtis (47, 2). Gaïus, L. 28, § 2, De pactis (2, 14). Diocl. et Maxim., c. 20, Quod cum eo (4, 26).

3. Pomponius, L. 9, § 2, De donation. (39, 5).

4. Gaïus, L. 6, Qui test. fac. poss. (28, 1). Pr. Inst. Quibus non est permiss. fac. test. (2, 12).

5. Marcien, L. 25, § 1, De m. c. don. (39, 6). Ulp., L. 7, §§ 4, 5, De don. (39, 5).

6. Paul, L. 8, De pecul. (15, 1).

7. Ulpien, L. 182, De verb. sign. (50, 16). Ulp., L. 1, § 3, Pompon., L. 3, Quando de pec. (15, 2). Alex. Sév., c. 3, De bonis proscr. (9, 49). Justin., c. 37, § 3, De inoff. test. (3, 28).

obtenait la propriété, comme s'il lui en avait été fait donation[1]. Cette révocation n'avait lieu que dans l'intérêt du fisc, lorsqu'elle résultait de la condamnation du fils à une peine emportant la confiscation des biens[2]. D'un autre côté, le fils devenait propriétaire de son pécule en cas de vente forcée[3], ou de confiscation[4] des biens de son père.

45. La législation impériale de l'époque chrétienne fit sur les anciens principes une importante conquête, en permettant à l'enfant de famille d'acquérir sur certains biens, autres que les biens castrenses et quasi-castrenses, non-seulement un droit d'administration, mais même un droit de propriété : ainsi fut créée une nouvelle espèce de pécule, que les auteurs modernes sont convenus d'appeler, par analogie de la dot adventice, pécule adventice, *peculium adventicium*. A la vérité, le préteur avait déjà eu l'idée de reconnaître fictivement à l'adrogé un patrimoine distinct de celui de l'adrogeant, et destiné, dans le cas du moins où celui-ci ne consentirait point à les satisfaire intégralement, à devenir le gage commun des créanciers de l'adrogé antérieurs à l'adrogation : nous voulons parler de la restitution *in integrum propter status mutationem*[5]. Nous voyons aussi les jurisconsultes classiques opposer, dans leurs écrits, à la fortune du *paterfamilias*, la dot de la fille, comme un bien exclusivement réservé à celle-ci[6]. Nous y lisons bien aussi que le père, chargé de restituer un fidéicommis à son fils après la cessation de sa puissance

1. Vat. fragm., §§ 255, 260. Papinien, L. 31, § 2, De don. (39, 5).
2. Alex. Sév., c. 3, De bon. proscr. (9, 49).
3. Ulp., L. 3, § 4, in fine, De minor. (4, 4).
4. Gratien, Valentin. et Theod., c. 8, De bon. proscr. (9, 49).
5. Gaïus, III, 84 ; IV, 38. § ult. Inst. De adquis. per adrog. (3, 10).
6. Ulp., L. 3, § 5, De minor. (4, 4). *Dos ipsius filiæ proprium patrimonium est.*

paternelle, put être forcé de le faire immédiatement et sans réserve, si sa gestion attestait la négligence ou la mauvaise foi [1]; le fils de famille institué héritier put même, en cas de démence de son père, obtenir de suite la possession et l'administration de l'hérédité [2]. Cependant ce n'est qu'à Constantin que l'on peut attribuer la création du pécule adventice.

46. Par une constitution rendue en l'an 319 après J. C., ce prince accorda à l'enfant de famille de l'un ou de l'autre sexe la propriété des biens recueillis par lui dans la succession de sa mère, *bona materna*; il n'en laissa au père que l'administration et l'usufruit, tant que durait sa puissance; mais il lui en attribua un tiers en pleine propriété dans le cas où il émancipait volontairement ses enfants [3].

Les successeurs de Constantin s'appliquèrent à développer son idée. Bientôt le pécule des enfants se trouva grossi de tous les biens qu'ils avaient reçus de leurs ascendants maternels à titre de donation ou de succession [4]. On y ajouta ensuite tous les biens acquis par les enfants de famille de leurs époux [5], auxquels furent même assimilés plus tard ceux que des fiancés s'étaient donnés entre-vifs ou transmis à cause de mort [6]. Enfin, sous Justinien, le fils devint propriétaire de tous les biens qu'il avait acquis par toute autre cause que la libéralité de son père, *ex substantia, ex re patris*, ou l'exercice d'une fonction publique, militaire ou civile; soit qu'ils lui fussent échus à titre gratuit, ou

1. Papinien, L. 50. Ulpien, L. 16, § 11, Ad. sct. Trebell. (36, 1).
2. Marcien, L. 52, Pr. De acq. vel omitt. hered. (29, 2).
3. Constantin, c. 1, c. 2, C. Th. De mat. bon. (8, 18).
4. An 379. Gratien, Valentin. et Theod., c. 6. C. Th. De mat. bon. (8, 18). An 395, Arcad. et Honor., c. 7. C. Th. eod.
5. An 429. Théod. et Valent., c. 1, C. Th. De bonis quæ filiifam. ex matrim. acq. (8, 19). C. 1. C. Just. De bonis quæ lib. (6, 61).
6. An 471. Léon et Anthémius, c. 5, De bon. quæ lib. (6, 61).

par suite de son industrie ou de son travail, *ex liberalitate fortunæ vel laboribus suis*[1].

47. Le père n'eut plus à l'égard de ces biens qu'un droit d'usufruit et d'administration, qui devait durer aussi longtemps que sa propre puissance; et il fut, en outre, autorisé, en cas d'émancipation de son fils, à retenir, non plus le tiers des biens en pleine propriété, mais la moitié en usufruit seulement[2]. La responsabilité du père à raison de son usufruit devint aussi étendue que celle de tout autre usufruitier[3]: néanmoins, il fut dispensé de fournir une caution, et son administration fut entièrement libre, et affranchie de tout contrôle actuel de la part de son fils[4]. Mais la loi lui refusa toute espèce de droit de disposition : il ne put ni hypothéquer, ni aliéner le pécule[5], à moins, cependant, que l'aliénation n'en fût nécessaire dans l'intérêt du fils lui-même, pour éteindre les dettes dont ses biens pouvaient être grevés[6].

En dehors de la règle générale, il y eut des cas d'exception, dans lesquels la loi permit au fils de réunir à la nue-propriété l'usufruit et l'administration de son pécule adventice. Il en fut ainsi :

1° Toutes les fois que le donateur ou le testateur, parent ou étranger, avait apposé à sa libéralité la condition que le père ne jouirait pas des biens donnés ou légués à son enfant[7];

1. An 529. Justin., c. 6. Pr. De bon quæ lib. (6, 61). § 1. Inst. Per quas pers. nob. acq. (2, 9).

2. Just., c. 6, § 3, De bon. quæ lib. (6, 61).

3. Constantin, c. 1, §§ 2, 3. C. Th. De mat. bon. (8, 18). C. 1, C. Just. De mat. bon. (6, 60).

4. Justinien, c. 6, § 2, De bon. quæ lib. (6, 61).

5. Constantin, c. 1, §§ 1, 3, c. 2; Arcad. et Honor., c. 7, C. Th. De mat. bon. (8, 18). Constant., c. 1, De mat. bon. (6, 60). Léon et Anth., c. 4, Justin., c. 6, § 2, De bon quæ lib. (6, 61).

6. Just. c. 8, §§ 4, 5, De bon. quæ lib. (6, 61).

7. Nov. 117, c. 1.

2° Lorsqu'appelé à faire une acquisition, à quelque titre que ce fût, entre-vifs ou à cause de mort, à titre gratuit ou onéreux, le fils avait fait cette acquisition contre le gré de son père[1];

3° Quand les biens du fils lui étaient échus dans la succession de son frère germain, à laquelle il se trouvait appelé concurremment avec son père[2];

4° Lorsque l'enfant était investi des biens de ses parents, à la suite d'un divorce illégalement consommé entre eux[3];

5° Enfin, dans les différents cas déjà indiqués, où le père est privé de son droit d'administration pour cause d'incapacité ou d'infidélité[4].

Quant au droit de disposition du fils à l'égard des biens compris dans son pécule adventice, il n'eut plus d'autres limites que celles qui pouvaient résulter de son état d'impuberté ou de l'existence de l'usufruit paternel[5]. Mais le droit de les aliéner par testament ou par donation à cause de mort, lui fut toujours rigoureusement interdit; la volonté même de son père fut insuffisante pour l'habiliter à faire un semblable acte[6].

47*bis*. Jusqu'au règne de Théodose-le-Jeune et de Valentinien III, il ne fut point porté atteinte au droit du père de reprendre *jure peculii*, après le décès de son fils, les biens qui avaient appartenu à celui-ci. Mais ces empereurs disposèrent, qu'à l'égard des *bona materna* les enfants du fils ou de la fille de famille seraient toujours préférés au père, et que même, en cas de convol

1. Just. c. 8, Pr. § 1, De bon. quæ lib. (6, 61).
2. Nov. 118, c. 2.
3. Nov. 134, c. 11.
4. Papinien, L. 50. Ulp., L. 16, § 11, Ad. sct. Trebell. (36, 1). Marcien, L. 52, Pr. De acq. vel omitt. hered. (29, 2).
5. Just. c. 8, §§ 1, 5, De bon. quæ lib. (6, 61).
6. Just. c. 11, c. 12, Qui test. fac. poss. (6, 22). Just. c. 8, § 5, De bon. quæ lib. (6, 61).

de celui-ci, la propriété de ces biens passerait aux frères et sœurs germains du défunt : seulement, dans l'une comme dans l'autre hypothèse, ils réservèrent au père l'usufruit viager de ces mêmes biens[1].

Un droit semblable fut accordé aux enfants et descendants sur la dot ou la donation à cause de noces qui avaient été constituées à leur père ou à leur mère[2]. Plus tard même, Léon et Anthémius appelèrent à la succession aux *lucra nuptialia*, à défaut d'enfants et de descendants : 1° les frères et sœurs germains ; 2° les frères et sœurs consanguins ou utérins. Le père ne pouvait donc recueillir ces biens qu'à défaut d'héritiers des trois premiers ordres ; mais la loi lui en garantissait l'usufruit sa vie durant[3].

Justinien régla d'après le même ordre la dévolution des *bona materni generis*[4], d'abord, et ensuite, de tous les biens adventices[5].

Néanmoins, le droit du père etait encore qualifié de *jus peculii, jus patris*; mais la Nov. 118 ne distingua plus la succession du fils de famille de celle de l'homme *sui juris*, et, dès lors aussi, le père ne put plus recueillir, sur les biens délaissés par son fils, à un autre titre que celui d'héritier.

1. An 426. Théod. et Valent., c. 10, C. Th. De mat. bon. (8, 18).
2. An 439. Théod. et Valent., c. 3, De bon. quæ lib. (6, 61).
3. An 469. Léon et Anth., c. 4, De bon. quae lib. (6, 61).
4. Oct. 529. Just. c. 11, Commun. de succ. (6, 59).
5. Nov. 529, Just. c. 6, § 1, De bon. quæ lib. (6, 61).

§ 2.

De la capacité civile du fils de famille passivement considérée.

SOMMAIRE.

48. Le fils de famille peut s'obliger envers les tiers.
49. Étendue de son obligation.
50. Principes spéciaux aux prêts d'argent.
51. Suite.
52. Le père n'est pas obligé par le fait de son fils en puissance. Exceptions à ce principe.
53. Suite. Des actions noxales.
54. Suite. Des actions *quod jussu*, *exercitoria*, *institoria*.
55. Suite. Des actions de *in rem verso*, *de peculio*.
56. De l'action tributoire.

48. En droit strict, on comprend assez difficilement que le fils de famille, privé de tout patrimoine, puisse cependant contracter des obligations envers les tiers : car une capacité passive suppose presque nécessairement, dans celui qui en est le sujet une capacité active, un ensemble de biens destiné à assurer l'exécution de ses engagements.

Cependant le Digeste reconnaît à l'enfant de famille toute capacité pour s'obliger, soit par contrats, soit par délits, et permet que dans tous les cas il soit recherché en justice à raison de ses obligations [1].

Mais le préteur veille à ce que l'enfant de famille ne devienne pas victime de sa propre inexpérience, ou de la mauvaise foi des tiers qui ont contracté avec lui pen-

1. Ulpien, L. 1, § 42, Depositi vel contra (16, 3). Pomponius, L. 6, § 7, De action. empti et vend. (19, 1). Gaïus, L. 39, De obligat. et act. (44, 7). Gaïus, L. 141, § 2, De verb. oblig. (45, 1). Modestin, L. 101, eod. tit. Dioclét. et Maxim., c. 9, Quod cum eo (4, 26). Ulpien, L. 57 [illegible] judic. (5, 1).

dant sa minorité. D'abord il ne donne d'action contre lui qu'en connaissance de cause, *causa cognita*[1], ce qui implique le droit de refuser l'action si l'acte dont on excipe lui paraît être le résultat d'une fraude ou d'une surprise. De plus, le fils de famille obtient le bénéfice de la restitution *in integrum*, même contre les actes sérieux consommés par lui pendant sa minorité, si ces actes lui ont fait éprouver une lésion d'une certaine importance[2], et que lui-même d'ailleurs soit exempt de dol et de faute[3].

49. C'est surtout par les effets de la sentence que l'obligation de l'enfant de famille diffère essentiellement de celle des personnes *sui juris*. Le fils peut bien être actionné et condamné, même du vivant de son père, et durant qu'il reste sous sa puissance; cependant les voies d'exécution demeurent suspendues tant qu'il reste *alieni juris*; et, en effet, sa dépendance rend impossible l'exécution forcée tant sur la personne que sur les biens. D'un autre côté, le fils de famille n'avait pas de patrimoine au moment où il s'est obligé; il n'a donc pas pu engager l'universalité de ses biens, et ainsi il est naturel que sa dette soit restreinte dans l'exécution, dans les limites de ses ressources: *Judicati actio in id quod facere potest danda est*[4]. On ne recherche pas d'ailleurs s'il a agi de sa propre volonté ou par l'ordre de son père, ni auquel des deux l'engagement a profité[5].

Par exception, le fils est tenu *in solidum* :

1. Ulpien, L. 2, Quod cum eo (14, 5).

2. Ulp., L. 11, §§ 4, 5, L. 40. Hermogen., L. 35, De minor. (4, 4). Callistratus, L. 4, De in integr. restit. (4, 1).

3. Ulp., L. 9, §§ 2, 3, De minor. (4, 4). Marcellus, L. 43, eod.

4. Ulp., L. 2, Pr. et § 1; Paul, L. 5; Scævola, L. 7, Quod cum eo (14, 5). Paul, L. 49, De re judic. (42, 1). Sévère et Antonin, c. 2; Antonin, c. 4; Diocl. et Max., c. 9, Quod cum eo (4, 26).

5. Ulp., L. 2, Pr. Quod cum eo (14, 5). Sévère et Antonin, c. 2, Quod cum eo (4, 26).

1° Lorsqu'il s'est porté héritier de son père[1];

2° Lorsque l'obligation est fondée sur son délit : *ex delictis in solidum convenietur*[2];

3° Lorsqu'il s'est faussement fait passer pour être *sui juris* : *Si paterfamilias se mentitus est, cum contraheretur cum eo .... etiamsi facere non possit, conveniendum propter mendacium*[3].

80. Tels furent les principes généraux qui régirent la capacité passive des enfants de famille : des règles spéciales prévalurent pour un contrat particulier, le prêt à intérêt ou *mutuum*. On a conclu de différents passages des auteurs littéraires de Rome[4] qu'une loi *Lætoria* ou *Plætoria*, portée vers l'an de Rome 500, défendit aux enfants de famille d'emprunter des sommes d'argent, ou du moins déclara de pareilles conventions civilement inefficaces, en refusant l'action en justice à leurs créanciers, dans le cas où les fils de famille auraient été circonvenus par eux[5]. Plus tard, un décret de l'empereur Claude défendit de stipuler des fils de famille qu'ils restitueraient au décès de leur père les sommes qui leur étaient prêtées[6]. Peut-être des usuriers avaient-ils, au moyen de cette clause, cherché à éluder la prohibition de la loi.

Enfin, le sénatusconsulte macédonien, rendu sans doute sous le règne de Vespasien, frappa d'inefficacité

1. Voyez les textes cités à la note 4 de la page 59.

2. Ulpien, L. 4, § 2, Quod cum eo (14, 5).

3. Ulpien, L. 4, § 1, L. 6, Quod cum eo (14, 5). Marcellus, L. 10, De re judic. (42, 1). Dioclét. et Maxim., c. 2, c. 3, Si minor. se major. discer. (2, 43).

4. Plaute, Pseud., acte I, sc. 3, v. 68. Térence, Phormion, acte II, sc. 1, v. 70. Cicér., pro Cœlio, c. 7.

5. Heineccius, Antiquit. Roman., lib. I, tit. XXIII, n° VI. Zimmern, *Rechtsgeschichte*, § 121. Thibaut, *Rechtsgesch.*, § 160.

6. Tacite, annales XI, 13. *Lege lata sævitiam creditorum coercuit, ne in mortem parentum pecunias filiisfamiliarum fœnori darent.*

tous les prêts d'argent faits à des enfants de famille[1] de l'un ou de l'autre sexe[2]. Ces prêts ne sont point, à la vérité, entachés d'une nullité radicale; ils produisent une obligation[3], qui est même sanctionnée par une action civile; mais le père et le fils obtiennent, en vertu du sénatusconsulte, une exception péremptoire pour repousser l'action dirigée contre eux[4]. Elle leur est donnée non-seulement contre les prêts d'argent sérieux, mais encore contre tous actes qui, sous la forme de contrats licites, déguisent cependant des prêts prohibés[5]. Elle est opposable par le fils jusqu'à l'exécution[6], et il ne peut même y renoncer d'avance, soit en son nom, soit en celui de son père. Dans tous les cas, pour décider la question de savoir si l'exception doit ou non être accordée, il faut considérer l'état du fils, non point à l'époque où il a été stipulé de lui, mais à celle de la numération des espèces[7].

51. L'exception du sénatusconsulte macédonien n'est plus recevable

a) De la part du fils, dans les cas suivants :

1° S'il a un pécule castrense ou quasi-castrense; le prêt est alors efficace, en tant qu'il n'excède pas l'importance des valeurs comprises dans ce pécule[8];

2° S'il a employé des moyens frauduleux pour cacher au créancier son état de fils de famille[9];

3° Si, devenu *sui juris*, il a confirmé expressément

1. Ulpien, L. 1, Pr. ad. sct. Macedon. (14, 6). § 7, Instit. Quod cum eo (4, 7).
2. Ulpien, L. 9, § 2, Ad. sct. Maced. (14, 6).
3. Paul, L. 10, Ad sct. Maced. (14, 6).
4. Ulp., L. 1, § 1, eod. tit.
5. Ulp., L. 3, § 3, L. 7, Pr. § 3, eod. tit.
6. Ulp., L. 11, eod. tit.
7. Ulp., L. 3, § 4, De sct. maced. (14, 6). Scævola, L. 4, eod. tit.
8. Ulp., L. 1, § 3, L. 2, eod. tit.
9. Pertinax., c. 1, eod. tit.

ou tacitement son obligation[1], soit, par exemple, en payant toute la dette[2], ou même en n'en payant qu'une partie, sans faire de réserves pour le surplus.

b) De la part du père aussi bien que du fils :

1° Quand le prêt a été fait au fils du consentement exprès[3] du père, intervenu même *ex post facto*, sous la forme d'une ratification[4], ou de son consentement tacite : par exemple, si, averti du prêt de quelque façon que ce soit, le père n'a pas immédiatement fait connaître son opposition[5];

2° S'il y a eu *versio in rem* au profit du père[6];

3° Si le fils était soldat au moment du prêt, soit qu'il ait agi avec ou sans le consentement du père[7];

4° Si le prêteur a pu, d'après les circonstances, croire de bonne foi traiter avec un *sui juris*[8].

52. Si le fils de famille peut acquérir à son père des droits de propriété ou de créance, il ne peut pas, en sens inverse, l'obliger par son fait; toutes les obligations contractées par l'enfant en puissance restent donc pour le père *res inter alios actæ*[9].

Cependant, dès les temps les plus reculés, le père était rendu responsable envers les tiers des délits commis à leur préjudice par ses enfants.

D'autres exceptions furent introduites ultérieurement par l'édit du prêteur et le droit des jurisconsultes. L'action fut donnée contre le père :

1. Sévère et Anton., c. 2, Ad sct. Maced. (4, 28).
2. Ulpien, L. 7, § 10, L. 9, § 4, Ad sct. Maced. (14, 6).
3. Sévère et Anton., c. 2, Ad. sct. Maced. (4, 28).
4. Justin., c. 7, Pr. Ad sct. Maced. (4, 28). Ulp., L. 7, § 15, Ad sct. Maced. (14, 6).
5. Paul, L. 12, L. 10, Ad sct. Maced. (14, 6).
6. Ulpien, L. 7, § 12, eod. tit.
7. Justinien, c. 7, § 1, Ad sct. Maced. (4, 28).
8. Ulpien, L. 3, Pr. § 1, eod. tit. Sév. et Ant., c. 2, eod. tit.
9. Gordien, c. 1, Ne filius pro patre (4, 13).

1° Dans tous les cas où il avait ordonné, approuvé ou ratifié l'engagement de son fils, soit expressément, soit tacitement, soit directement, soit indirectement;

2° Quand l'engagement avait tourné au profit du père; *cum in rem ejus versum erat;*

3° Quand il avait constitué un pécule à son enfant.

Quand l'une ou l'autre de ces circonstances se rencontrait, le prêteur donnait contre le père lui-même l'action qui compétait au tiers contre l'enfant, en indiquant dans la formule le motif qui la rendait admissible contre lui; c'est ainsi que l'on disait que le père était tenu *quod jussu, exercitoria*, ou *institoria actione, de in rem verso, de peculio.*

53. Introduite par la loi des Douze-Tables pour le cas de vol, l'action noxale fut successivement appliquée par la loi *Aquilia* au *damnum injuria datum*, et par l'édit du prêteur, aux délits d'injures et de rapine[1]. Cette action est personnelle de sa nature, et se donne contre le père, comme *defensor* obligé de son fils, aux fins de réparation civile du dommage causé par celui-ci; elle se distingue des autres actions par la faculté réservée au père d'abandonner son fils à la partie lésée, *noxæ dedere*, lorsqu'il lui paraissait trop onéreux de payer en argent le montant du dommage[2]. Nous connaissons déjà la forme dans laquelle s'opère cette *noxæ deditio*, et les effets qu'elle produit à l'égard du fils[3]. Si l'enfant de famille passe, avant la réparation de son délit, en la puissance d'un autre *paterfamilias*, soit comme fils *in potestate*, soit comme homme libre *in mancipio*, soit comme

1. Loi des Douze-Tables, tab. 12. Gaïus, IV, 75, 76. Ulp., L. 17, § 18, De ædil. edicto (21, 1). L. 1, § 2, De priv. del. (47, 1). Pr. Inst., De nox. act. (4, 8).

2. Gaïus, IV, 75. Paul, Sent. rec., lib. II, tit. XXXI, § 7. Ulp., L. 17, § 18, De ædil. ed. (21, 1). Gaïus, L. 1. Ulp., L. 21, Pr. De noxal. act. (9, 4). Pr., § 2, Inst., eod. (4, 8).

3. Voy. plus haut, tit. III, ch. I, sect. II, n°s 25 et suiv.

épouse *in manu*, ou s'il devient esclave, l'action est ouverte *in instanti* contre celui au pouvoir duquel il vient d'être placé[1]; elle est éteinte, au moins comme action noxale, lorsque le fils devient *sui juris*[2]. Elle s'éteint aussi, sans retour, lorsque le fils de famille, auteur du délit, est tombé, pour quelque cause et à quelque titre que ce soit, en la puissance de la partie lésée[3].

84. L'ordre, *jussus*, du père peut être donné, soit verbalement, soit par écrit, soit même par l'entremise d'un mandataire; il peut être général ou spécial[4]; il est exprimé soit au moment du contrat, soit antérieurement, ou suppléé postérieurement par la ratification du père[5].

L'action *exercitoria* est ouverte contre le père qui a préposé son fils à la conduite d'un navire à lui appartenant, à raison des engagements pris par celui-ci dans l'accomplissement de cette mission[6].

L'action *institoria* se fonde sur des motifs analogues, et résulte contre le père des obligations contractées par le fils de famille relativement à toute espèce de négoce auquel il l'avait préposé[7].

Dans ces différentes hypothèses, le fils n'ayant agi que par l'ordre explicite ou implicite de son père, et celui-ci devant profiter du contrat, le préteur le rend responsable de toute la dette, comme s'il avait lui-même contracté[8].

1. *Noxa caput sequitur*. Gaïus, IV, 77, § 5. Inst., De nox. act. (4, 8).
2. Gaïus, IV, 77, § 5. Inst., De nox. act. (4, 8).
3. Triphoninus, L. 37, De nox. act. (9, 4). Paul, L. 18, De furtis (47, 2). § 6, Inst. De nox. act. (4, 8). Cpr. Gaïus, IV, 78.
4. Ulpien, L. 1, § 1, Quod Jussu (15, 4).
5. Ulpien, L. 1, § 6, Quod Jussu (15, 4).
6. § 2, Inst. Quod cum eo (4, 7). Paul, L. 1, De exercit. act. (14, 1).
7. § 2, Instit. Quod cum eo (4, 7). Ulpien, L. 1, L. 3, L. 7, § 1, De instit. act. (14, 3).
8. Ulpien, L. 1., Pr. Quod jussu (15, 4). Ulpien, L. 1, De instit. act. (14, 3). Ulpien, L. 140, De reg. jur. (50, 17).

55. L'action *de in rem verso* est ouverte contre le père à raison des actes passés par le fils, toutes les fois que ces actes ont procuré au père un avantage direct ou indirect, soit en augmentant son patrimoine d'une certaine valeur active, soit en le dégrevant d'une charge qui lui était imposée. La *versio in rem* peut exister, soit que le fils ait figuré dans l'acte en son nom personnel ou au nom de son père; toutefois, le père n'est tenu, au premier cas, que s'il a réellement profité de l'affaire[1], tandis qu'au second cas, il est tenu, même au cas de perte de la chose, arrivée par cas fortuit, et sans la faute du fils[2]. Dans tous les cas, l'action n'est donnée contre le père de famille que jusqu'à concurrence du profit qu'il a retiré de l'affaire[3].

Le père peut aussi être contraint de satisfaire les créanciers de son fils au moyen et jusqu'à concurrence des valeurs comprises dans son pécule profectice[4]. L'action donnée au tiers à cet effet reçoit le nom d'*actio de peculio*. Elle n'est ouverte qu'à raison des contrats conclus par le fils, ou de ses quasi-contrats[5], alors d'ailleurs qu'ils ne sont pas garantis par l'existence d'un pécule castrense[6] ou quasi-castrense; quant aux délits du fils, nous connaissons déjà les actions auxquelles ils donnent ouverture. Le père est autorisé néanmoins à déduire du pécule toutes les sommes dues par son fils,

1. Ulpien, L. 7, § 12, De sct. maced. (14, 6). Ulp., L. 10, § 4, De in rem verso (15, 3).
2. Ulpien, L. 3, §§ 7, 9, De in rem verso (15, 3). Africain, L. 17, Pr. eod.
3. § 4, Inst. Quod cum eo (4, 7).
4. § 4, Inst. Quod cum eo (4, 7).
5. Paul, L. 49, De verb. oblig. (45, 1). Paul, L. 49, De oblig. et act. (44, 7). Ulpien, L. 14, De negot. gestis (3, 5). Ulp., L. 7, De tut. (26, 1). Marcell., L. 21, De adm. tut. (26, 7). Ulp., L. 3, § 11, De pecul. (15, 1).
6. Marcianus, L. 18, § 5, De castr. pec. (49, 17).

soit à lui-même, soit aux autres personnes placées sous sa puissance[1].

Quoique distinctes dans leur fondement et dans leur objet, les actions que nous venons d'étudier peuvent cependant être réunies dans une même formule, à simple intention, mais à double condamnation. Le préteur pose, dans l'*intentio*, la question de savoir si le fils s'est obligé; et, dans la *condemnatio*, il autorise le juge à condamner le père; 1° *quatenus in rem ejus versum est*; 2° *quatenus filii peculium esse intelligitur*. Ainsi, l'obligation du fils étant reconnue, le père doit être condamné d'abord à restituer tout ce qui a tourné à son profit (c'est l'action *de in rem verso*), et, en cas d'insuffisance, à parfaire le paiement de la dette de son fils, au moyen du pécule, sans que, dans aucun cas, la condamnation puisse excéder l'importance de la *versio in rem* et du pécule réunis.

Il faut noter encore entre les deux actions cette différence importante que l'une, l'action *de in rem verso*, est perpétuelle, c'est-à-dire, prescriptible seulement par trente ans, tandis que l'autre, l'action *de peculio*, ne se donne que pendant la dépendance du fils, ou dans l'année utile de son émancipation[2].

60. Enfin, lorsque le fils de famille a, du consentement exprès ou tacite de son père[3], employé à des opérations commerciales tout ou partie des biens compris dans son pécule profectice, ces biens et leurs accessoires deviennent le gage commun de ceux qui sont devenus ses créanciers à l'occasion de son commerce. En d'autres termes, on forme au profit de ces créanciers une masse partageable, composée de tout l'actif du commerce du fils, tant en argent comptant, qu'en

1. § 4, Inst. Quod cum eo (4, 7). Gaïus, IV, 73.
2. Ulpien, L. 1, § 1. De in rem verso (15, 3).
3. Ulp., L. 1, §§ 2, 3, De tribut. act. (14, 4).

créances, en marchandises et en mobilier d'exploitation[1]. Leur droit sur cette masse est exclusif de celui des créanciers ordinaires, et s'exerce concurremment avec les créances du père lui-même, sans qu'il y ait lieu à aucun privilége au profit de celui-ci[2]. La répartition se fait entre eux par les soins du père, au prorata des prétentions de chacun[3]. Si le père refuse de remplir son obligation à cet égard, ou s'il ne la remplit pas loyalement et entièrement, les créanciers qui y ont intérêt obtiennent contre lui une action spéciale, nommée *actio tributoria*, pour le contraindre à faire, ou, s'il y a lieu, à refaire, d'après les prétentions de chacun, la répartition à laquelle ils ont droit[4]. Le père peut néanmoins s'affranchir de son obligation, en abandonnant aux créanciers les biens qui forment leur gage[5].

Dans tous les cas où l'action tributoire est ouverte, le créancier a l'option entre cette action et l'action *de peculio*; mais on applique ici la règle : *Electa una via non datur recursus ad alteram*[6].

1. Ulp., L. 5, §§ 5, 11, 13, 14. Gaïus, L. 11, De trib. act. (14, 4). Cpr. Ulp., L. 5. §§ 15, 16 eod.
2. Ulp., L. 1, Pr. L. 5, §§ 6, 7, De trib. act. (14, 4).
3. Ulp., L. 5, § 10. Paul, L. 6. Ulp., L. 7, Pr. eod.
4. Ulp., L. 7, §§ 2, 3, 4. Julien, L. 12, eod.
5. Ulp., L. 7, § 1 eod.
6. Ulp., L. 9, § 1. Gaïus, L. 11, eod.

SECTION II.

DES RELATIONS JURIDIQUES DE L'ENFANT DE FAMILLE AVEC SON PÈRE.

SOMMAIRE.

57. Des principes qui dominent les relations juridiques de l'enfant de famille avec son père.
58. Il n'y a point entre le père et l'enfant d'unité de personne,
59. Ni d'unité de patrimoine.

57. Il nous reste à déterminer quels sont les rapports juridiques de l'enfant de famille avec son père. Les propositions suivantes en renferment l'expression en résumé :

1° Tout ce que le fils acquiert, à quelque titre et de quelque façon que ce soit, appartient *ipso jure* à son père : cela s'entend aussi bien de l'obligation active que de la propriété et des droits réels[1].

2° Par suite le père ne peut ni contracter avec son fils, ni plaider avec lui ; car il ne ferait pour ainsi dire que contracter et plaider avec lui-même[2].

3° Il en est autrement toutefois si le fils a un pécule castrense ou quasi-castrense, alors d'ailleurs qu'il contracte ou qu'il agit à raison de ce pécule.

4° Le père et le fils peuvent aussi être tenus respectivement d'obligations naturelles[3], et plaider l'un contre l'autre pour faire reconnaître leurs qualités respectives de père et d'enfant, et les devoirs qui en résultent, comme aussi le fils peut citer son père devant le pré-

1. Gaïus, II, 86, 87 ; III, 163. Ulpien, XIX, 18, 19. Pr. Inst. per quas pers. nob. acquir. (2, 9). Pr. Inst. per quas person. nob. oblig. acquir. (3, 28).
2. Gaïus, III, 104. § 6, Inst. De inutil. stipul. (3, 19). Gaïus, L. 4, De jud. (5, 1).
3. Africain, L. 38, §§ 1 et 2, De condict. indeb. (12, 6).

teur, lorsqu'il soutient qu'il a fait abus de son droit de puissance[1].

5° Le père ne peut pas obliger son fils envers les tiers, ni être tenu des engagements qu'il a contractés[2], sauf les cas d'exception que nous avons étudiés dans le § 2 de la section précédente.

6° Le fils peut se porter caution vis-à-vis des tiers des engagements contractés par son père[3].

7° Le fils succède *ipso jure* aux biens délaissés par son père; il est appelé *hæres suus et necessarius*, et ne fait en quelque sorte que continuer la possession de son auteur.

58. Ces propositions reposent toutes, on le voit, sur ce principe que le père seul peut devenir propriétaire, et que cette qualité est toujours refusée à ses enfants en puissance; il serait cependant inexact de soutenir qu'il y ait entre le père et son enfant unité de personne ou unité de patrimoine : l'une ou l'autre de ces fictions supposeraient au fils une capacité, un patrimoine que la loi lui refuse expressément.

Il n'y a point d'unité de personne, *unitas personæ;* car sans cela tous les faits de l'un devraient être réputés faits de l'autre; or, nos 3e, 4e, 5e et 6e propositions supposent des principes diamétralement opposés. Si le père ne peut obliger son fils vis-à-vis des tiers, ni devenir, sauf certains cas d'exception, responsable de ses engagements; si cette responsabilité ne constitue qu'une obligation accessoire, qui n'est point exclusive de l'obligation principale; si le fils peut se cautionner pour son père, et être recherché concurremment avec lui par les

1. Ulpien, L. 5, § 7, De agnoscend. et alend. liber. (25, 3). Sévère et Antonin, c. 4, De agnosc. et alend. liber. (5, 25). Marcien, L. 19, De ritu nuptiar. (23, 2). Ulpien, L. 9, 2, De condit. et demonstr. (35, 1). Ulpien, L. 16, § 11, ad sct. Trebell. (36, 1).

2. Gordien, c. 1. Diocl. et Maxim., c. 4, Ne filius pro patre (4, 13).

3. Ulpien, L. 10, § 2, De fidejussor. (46, 1).

tiers ses créanciers; si enfin l'obligation naturelle existe entre le père et le fils, et qu'ils puissent, dans certains cas, plaider l'un contre l'autre, ne faut-il pas en conclure évidemment qu'ils forment non point une personne unique, mais deux personnes essentiellement distinctes, dont chacune a sa capacité, ses droits, ses obligations?

59. Quant à l'unité de patrimoine ou au co-domaine, *condominium*, on a voulu la trouver dans le droit de succession de l'enfant de famille. Des textes, il est vrai, disent que les héritiers siens semblent moins venir à succession que continuer un domaine qui leur a, en quelque sorte appartenu du vivant de leur père, et dont le décès de celui-ci leur rend la libre administration[1]. Mais quelque explicites qu'ils puissent paraître, ces textes ne présentent cependant le *condominium* que comme une fiction, inventée sans doute par les jurisconsultes pour expliquer rationnellement la transmission de l'hérédité aux héritiers siens. Il n'en est pas moins vrai que le fils de famille, tant qu'il se trouve en puissance, est absolument incapable de domaine, et que même son droit d'hérédité dépend uniquement de la volonté toute-puissante de son père. On sait, en effet, que dans l'ancien droit, le père pouvait transporter toute sa fortune à des étrangers, en exhérédant ses enfants, ou simplement en les omettant dans l'acte de sa dernière volonté. Il était d'ailleurs le maître de faire sortir son fils de sa puissance et de sa famille, par

1. Paul, L. 11, De liberis et posthumis (28, 2). *In suis heredibus evidentius apparet continuationem dominii eo rem perducere, ut nulla videatur hereditas fuisse, quasi olim hi domini essent,* QUI ETIAM VIVO PATRE QUODAMMODO DOMINI EXISTIMANTUR...... *itaque post mortem patris non hereditatem percipere videntur ; sed magis* LIBERAM BONORUM ADMINISTRATIONEM CONSEQUUNTUR : *hac ex causa licet non sint heredes instituti, domini sunt.* Cpr. Gaïus, II, 156 et 157, § 2, Inst. De hered. qualit. et differ. (2, 10).

l'émancipation ou de toute autre manière, et de lui enlever ainsi tout droit à sa succession. Qu'est-ce donc qu'une copropriété qui, ne devant s'ouvrir pour l'un des copropriétaires que par le décès de l'autre, peut lui être enlevée à chaque instant par le caprice de celui-ci?

Le droit prétorien, il est vrai, donna aux enfants injustement exhérédés la *querela inofficiosi testamenti*, et le droit moderne leur accorda dans tous les cas une légitime sur les biens de leurs parents décédés. Mais la *querela* ne fut jamais qu'une action subsidiaire, et, timide dans son innovation, le préteur n'osa pas attaquer les principes même de l'ancien Droit civil. La légitime d'ailleurs ne fut introduite que fort tard, à une époque où les héritiers siens avaient obtenu le *beneficium abstinendi*, où l'exhérédation avait été renfermée dans des limites étroites, où, en un mot, le droit de succession des enfants était assuré par des garanties complétement étrangères à l'esprit de l'ancien droit.

TITRE IV.

Des moyens de droit donnés au père de famille pour faire reconnaître sa puissance paternelle.

SOMMAIRE.

60. Des actions préjudicielles.
61. De la *vindicatio filii*.
61bis. De la preuve dans ces actions.
62. De l'action de vol.
63. Des interdits *de liberis exhibendis* et *de liberis ducendis*.
64. De l'action utile *de servo corrupto*.
65. Des *cognitiones extraordinariæ*.

60. Le législateur n'aurait pourvu qu'à une partie de sa tâche, si, en créant et en organisant la puissance

paternelle, il n'avait point en même temps donné au père de famille tous les moyens nécessaires pour défendre sa puissance contre les empiétements dont elle pouvait être l'objet de la part des tiers, ou des enfants eux-mêmes ; seulement, ces moyens de droit durent varier dans leur nature, dans leur forme, dans leur énergie, suivant les différentes époques de la procédure romaine.

De tout temps sans doute, la question d'existence ou de non-existence de la puissance paternelle, *quæstio de patria potestate*, put s'élever comme une pure question d'État, indépendamment de toute autre contestation. *An aliquis filius familias sit? An L. Titius Sempronii filiusfamilias, Sempronii in potestate habeatur?* tel était alors l'exposé de la question. Pour la décider, on suivait la procédure usitée pour les *status controversiæ* en général. Souvent aussi la question ne se présentait qu'incidemment à une contestation d'une autre nature, et elle formait alors une question préjudicielle.

61. Toutefois la procédure des actions de la loi n'offrait point pour la décision des questions d'État de formes spéciales, comme furent plus tard celles de l'*actio*, ou de la *formula præjudicialis* : ces questions ne pouvaient donc se vider qu'au moyen de l'*actio sacramenti*. Il fallait se conformer aux solennités de cette action, et choisir entre les paroles sacramentelles propres à la revendication : Aio HUNC HOMINEM MEUM ESSE, et celles qui s'appliquaient aux actions personnelles : Aio TE MIHI DARE OPORTERE. Les raisons d'analogie voulaient que l'on donnât la préférence aux premières : sans constituer ni un droit réel, ni un droit personnel, la puissance paternelle se rapproche pourtant davantage du droit réel, en ce sens qu'elle existe envers et contre tous, et qu'elle n'a point pour corrélatif une obligation (*s. str.*) imposée à une ou plusieurs personnes spéciale-

ment déterminées. Mais, pour éviter que l'action du père ne fût confondue avec une revendication, on avait soin de faire dire au père, non point AIO MEUM ESSE, mais bien AIO FILIUM MEUM ESSE; l'on marquait ainsi que l'action avait pour but non de faire déclarer l'existence d'un droit de domaine, mais de faire reconnaître un rapport de famille, un droit de puissance.

D'un autre côté, le *præjudicium* de la procédure formulaire ne tendait qu'à la reconnaissance d'un droit contesté, mais il ne s'en suivait pas de condamnation : l'action préjudicielle devenait donc insuffisante, lorsque, malgré la décision du juge, le fils de famille persistait à se gérer comme *sui juris*, ou que le tiers continuait à le retenir dans la puissance qu'il prétendait avoir sur lui. Il fallait alors donner au père une action proprement dite, pouvant aboutir à une condamnation. La formule de cette action était calquée sur la *vindicatio filii* de l'ancienne procédure; elle contenait sans doute un *arbitrium de filio restituendo*; l'*intentio* en était conçue en ces termes: SI PARET L. TITIUM SEMPRONII FILIUM ESSE (ou SEMPRONII IN POTESTATE ESSE EX JURE ROMANO); elle était suivie d'une *condemnatio incertæ pecuniæ*[1].

61 *bis*. En ce qui concerne la preuve, on suivait dans les *præjudicia* et dans la *vindicatio filii*, comme dans toute autre procédure, la règle: *Ejus est probare qui dicit, non qui negat*. Quand celui que l'on prétendait être *filius familias* se bornait à nier qu'il eût jamais été dans la puissance du demandeur, ou que le tiers par qui ce prétendu fils de famille était détenu contestait purement et simplement le droit du réclamant, c'était à celui-ci à justifier de sa puissance paternelle; lorsqu'au contraire le fils alléguait qu'il était sorti de la puissance paternelle, ou que le tiers prétendait avoir sur lui un

1. Voy. sur les §§ 60 et 61, Ulpien, L. 1, § 2, De rei vind. (6, 1).

droit de puissance exclusif de celui du demandeur, ils étaient respectivement obligés à la preuve de ces faits[1].

62. La *vindicatio filii* se donnait tant contre le fils lui-même que contre le tiers. Mais, si des manœuvres frauduleuses avaient été employées pour soustraire le fils à son autorité, le père obtenait de plus contre l'auteur ou le complice de ces manœuvres l'action de vol au double ou au quadruple[2]. Ainsi que nous l'avons déjà fait remarquer (voy. tit. I, n° 14), cette action tendait uniquement à l'application de la peine criminelle, *ad pœnæ persecutionem*[3]; pour faire rentrer son fils sous son autorité, le père devait agir par la *vindicatio filii;* il n'obtenait point la *condictio furtiva*[4] : la nature même de cette action, qui avait pour base une obligation de livrer *(dare oportere)*, ne permettait pas qu'on l'appliquât à une personne libre, à un enfant de famille.

63. Outre ces moyens de Droit civil, l'édit du préteur accorde au père de famille contre les tiers l'interdit exhibitoire *de liberis exhibendis*, et l'interdit prohibitoire *de bonis ducendis*. Le premier de ces interdits est donné au père pour se faire représenter par le tiers, sous l'autorité actuelle de qui se trouvent les enfants qu'il prétend être soumis à sa puissance paternelle[5]. Il peut être dirigé même contre le mari de la fille, lorsque le mariage de celle-ci n'a pas été suivi de la *conventio in manum;* mais ce dernier est autorisé à exciper contre l'action du père du consentement qu'il a donné

1. Ulp., L. 14, De probat. (22, 3). Ulp. L. 6, In fine si ingen. esse dic. (40, 14).

2. Gaïus, III, 199. § 9. Inst., De oblig. quæ ex del. nasc. (4, 1). Ulp., L. 14, § 13, De furtis (47, 2).

3. § 10, Inst., De oblig. quæ ex del. (4, 1).

4. Paul, L. 38, § 1, De furtis (47, 2).

5. Ulp. L. 1, Pr. §§ 1, 2, De liber. exhib. (43, 30). Dioclét. et Maxim., c. 2, De lib. exhib. (8, 8).

au mariage[1]. La mère obtient aussi une semblable exception, lorsque l'intérêt des enfants exige qu'ils demeurent confiés à sa garde[2]. Enfin, l'action du père est repoussée, dans tous les cas, par l'exception *rei judicatæ*, lorsqu'il a été jugé à tort ou à raison, que la puissance paternelle ne lui appartient point[3].

L'interdit *de liberis ducendis* a pour objet de faire reconnaître et respecter le droit de garde et de surveillance, *jus ductionis*, du père sur ses enfants[4]. Il ne compète, aussi bien que l'interdit *de liberis exhibendis*, qu'au père investi de la puissance paternelle, et il est repoussé par les mêmes exceptions[5].

64. Enfin, le magistrat accordait utilement au père, suivant les circonstances, l'action honoraire *de servo corrupto*[6] : le fondement et le but de cette action sont clairement exprimés dans ces mots de l'édit du préteur : QUI SERVUM, SERVAM, ALIENUM, ALIENAM RECEPISSE, PERSUASISSEVE QUID EI DICETUR DOLO MALO, QUO EUM, EAM DETERIOREM FACERET, IN EUM QUANTI EA RES ERIT, IN DUPLUM JUDICIUM DABO[7]. Cette action pouvait être intentée contre toute personne, même par le mari contre sa femme, *constante matrimonio*, mais, dans ce dernier cas, elle n'était donnée qu'au simple, *in simplum*[8].

65. Si l'on en excepte le *præjudicium* ou la *vindicatio filii*, les moyens de droit dont nous venons de parler n'étaient ouverts que contre les tiers : l'interdit *de liberis ducendis* lui-même ne se donnait point contre le fils qui s'était soustrait à l'autorité paternelle[9]; il y avait lieu

1. Ulp., L. 1, § 5, De lib. exhib. (43, 30).
2. Ulp., L. 1, § 3, eod.
3. Ulp., L. 1, § 4, eod.
4. Ulp., L. 3, Pr. § 1, eod.
5. Ulp., L. 3, §§ 2, 5, eod.
6. Paul, L. 14, § 1, De servo corr. (11,3).
7. Ulp., L. 1, Pr. De servo corr. (11, 3).
8. Marcien, L. 17, eod.
9. Vénuléïus, L. 5, De lib. exhib. (43, 30).

alors à la *cognitio extraordinaria.* Le préteur décide, sans l'assistance du juge, les difficultés élevées entre le père et l'enfant sur l'exercice de la puissance paternelle, et dont il a été saisi sur la plainte de l'un ou de l'autre; mais la question d'existence ou de non-existence de la puissance paternelle ne peut être tranchée que par le juge dans les formes du Droit civil.

TITRE V.

Des causes qui font cesser la puissance paternelle.

SOMMAIRE.

66. Aperçu des causes qui mettent fin à la puissance paternelle.
67. Spécialement. De la mort et des grandes diminutions de tête.
68. De la petite diminution de tête.
69. Suite. De l'émancipation.
70. De quelques autres causes de cessation de la puissance paternelle.

66. Fondée sur le lien d'agnation, la puissance paternelle cesse avec toutes les causes qui mettent fin à cette parenté. Elle s'éteint donc :

1° Par la mort, soit du père, soit de l'enfant;

2° Par toute diminution de tête de l'un ou de l'autre.

67. 1° La mort du père de famille n'affranchit cependant l'enfant de la puissance paternelle que dans le cas où il se trouvait sous la puissance immédiate de son *paterfamilias*, soit qu'il fût son enfant au premier degré, ou que ceux par qui il descendait de lui ne fussent plus actuellement sous sa puissance. En dehors de cette hypothèse, l'enfant n'est affranchi de la puissance du père de famille décédé, que pour retomber aussitôt dans celle de son père, devenu *sui juris* [1].

1. Gaïus, I, 127. Ulp. X, 2, Pr. Inst. Quib. mod. jus patr. potest. solv. (I, 12).

2° On entend par diminution de tête, *capitis deminutio*, tout changement opéré dans l'état civil de l'individu, *prioris status permutatio*[1]. Ce changement affecte, ou l'état de liberté, ou l'état de cité, ou l'état de famille. Dans les deux premiers cas, la puissance paternelle est éteinte d'une manière aussi absolue que par la mort naturelle; car cette puissance ne peut exister qu'entre hommes libres et citoyens romains[2]. Néanmoins, lorsque l'esclavage du père ou du fils n'est que la conséquence de sa captivité, la puissance paternelle n'est en quelque sorte que suspendue, tant que subsiste pour le prisonnier la possibilité du *postliminium;* si ce droit vient à s'ouvrir en sa faveur, il reprend à l'instant, comme s'il ne l'avait jamais perdue, la position qu'il occupait avant son esclavage dans la cité et dans la famille : père de famille, il reconquiert de plein droit sa puissance sur ses enfants; fils de famille, il retombe immédiatement sous la puissance de son père[3].

68. Quant à la petite diminution de tête, elle a pour effet, à l'égard de celui qui l'a subie, tantôt de le rendre *sui juris*, tantôt seulement de le faire passer sous la puissance d'un autre *paterfamilias*. C'est ainsi que la puissance paternelle cesse dans la personne du père seul, mais sans qu'il en résulte aucune modification pour la condition juridique de l'enfant :

1° Par la dation du fils en adoption;

2° Par le mariage de la fille, lorsqu'il est suivi de la *conventio in manum mariti;*

3° Par l'adrogation du père;

4° Par la légitimation de celui-ci.

69. Enfin, la puissance paternelle s'éteint encore,

1. Gaïus, I, 159. Gaïus, L. 1, De cap. min. (4, 5). Pr. Inst. De cap. demin. (1, 16).
2. Gaïus, I, 128. Ulp., X, 3. Paul, Sent. rec. II, XXV, 1.
3. Gaïus, I, 129. Ulp., X, 4. Paul, Sent. rec. II, XXV, 1.

lorsque le père a épuisé son droit de vendre ses enfants, c'est-à-dire, par la triple mancipation des fils au premier degré, ou par une mancipation unique des filles ou des enfants d'un degré plus éloigné[1]. Nous avons essayé plus haut de déterminer la position juridique de l'enfant placé dans le *mancipium*[2]; ce n'est point ici le lieu d'y revenir. Mais cette cause de cessation de la puissance paternelle nous paraît surtout remarquable, parce que, de nécessaire qu'elle était dans l'origine, elle est plus tard devenue volontaire, en servant fictivement de base à l'émancipation, dont nous allons nous occuper.

Plus étendue dans ses effets que les autres causes de la petite diminution de tête, l'émancipation rend le fils de famille *sui juris* dès l'instant où elle est consommée. Dans l'ancien droit, cet acte juridique dépendait toujours de la seule volonté du père; mais déjà sous les jurisconsultes classiques, il fut de règle que l'enfant ne pouvait être émancipé malgré lui, sans son consentement[3]. Quant à la forme, elle consiste dans la combinaison des solennités de la mancipation et de la manumission, avec le pacte de fiducie. Le fils est trois fois mancipé par son père naturel à un *pater fiduciarius*, et trois fois affranchi par celui-ci, en exécution du pacte de fiducie conclu dans chaque mancipation; après la première et la seconde manumission, il retombe au pouvoir de son père; mais cette puissance s'éteint définitivement par la troisième mancipation; enfin, la troisième manumission rend le fils *suis juris*. Le même effet est atteint, à l'égard des filles et des petits-enfants, par une seule mancipation suivie de manumission[4].

1. Loi des Douze-Tables, tab. IV, n° 3. Gaïus, I, 132. Ulp. X. 1.
2. Voy. supra tit. III, ch. I, sect. II, n°s 26-28.
3. Paul, Sent. rec. II, XXV, 5.
4. Gaïus, I, 132. Ulp. X, 1. § 6, Inst. Quib. mod. jus patr. pot. solv. (I, 12).

Ces solennités se maintinrent jusqu'à Justinien ; mais, à côté d'elles Anastase introduisit, dès l'an 502, une forme plus simple pour l'émancipation des absents. Elle consiste dans l'obtention d'un rescrit du prince sur une supplique présentée isolément par le père, ou collectivement par le père et le fils, et dans l'insinuation de ce rescrit sur les registres du magistrat compétent, Le consentement du fils devait, dans le cas du moins où il n'avait pas signé la pétition adressée au prince, être exprimé avant cette insinuation, soit devant le magistrat chargé de la recevoir, soit devant un autre magistrat investi des mêmes fonctions; il n'était point requis, lorsque le fils était encore *infans*[1].

Justinien conserva cette forme pour l'hypothèse spéciale à laquelle elle s'appliquait; mais il abolit, pour les cas ordinaires, les solennités de l'ancien droit, et les remplaça par une simple déclaration à faire devant le juge par le père, en présence et du consentement exprès ou tacite de l'enfant[2].

L'émancipation dissout complétement le lien d'agnation qui unissait le père à son enfant, et ne laisse plus subsister entre ces personnes d'autre parenté que la simple cognation, d'autres obligations que celles qui se fondent sur cette parenté imparfaite. Mais, d'un autre côté, comme dans le *mancipium*, où il s'est trouvé momentanément, le fils a été *servi loco*, il se forme entre lui et celui dont la manumission l'a rendu *sui juris* un rapport analogue à celui qui s'établit entre le patron et l'affranchi : il en résulte pour ce dernier un droit de tutelle légale et de succession légitime[3]. Or,

1. Anastase, c. 5, De emancip. liber. (8, 49).

2. Justinien, c. 6, De emanc. lib. (8, 49), § 6, Inst. Quib. mod. jus patr. pot. solv. (1, 12).

3. Gaïus, I, 175. Ulp., XI, 5. Inst. De leg. par. tut. (1, 18). Inst. De fid. tut (1, 19), § 6, Inst. Quibus mod., jus patr. pot. solv. (1, 12). § 8, Inst. De leg. adgn. succ. (3, 2).

pour éviter de laisser acquérir à un étranger des droits aussi importants, le père stipulait ordinairement, dans la mancipation qui devait mettre fin à sa puissance, que son enfant lui serait remancipé; par cette stipulation, qui porte le nom technique *de pactum fiduciæ remancipando*, la manumission était interdite au *pater fiduciarius*, et le père naturel se réservait d'acquérir, en accomplissant lui-même la dernière manumission, les droits du patron sur son enfant émancipé[1]. Ces conséquences se produisent, tant dans le nouveau que dans l'ancien droit[2]. Seulement, l'agnation a perdu, dans l'édit prétorien et dans la législation des empereurs, l'importance qui lui appartenait dans l'ancien droit; la condition de l'enfant émancipé s'y est successivement améliorée, et il obtient en définitive sur les biens de son père des droits de succession, aussi étendus que ceux de l'enfant en puissance[3].

70. Le rapport de la puissance paternelle avec l'agnation est si étroit que le fils ne saurait, en règle générale, devenir *sui juris*, sans perdre ses droits de famille, et que même les dignités dont il peut être revêtu dans l'État ne l'affranchissent point de la puissance de son père[4]. Cependant, l'ancien droit admettait déjà une exception à ce principe, en faveur du fils élevé à la dignité de Flamine de Jupiter et de la fille qui s'était consacrée au culte de Vesta[5]. Dans le droit moderne, les hauts dignitaires de l'État, les patrices, les consuls, le préfet du Prétoire, le préfet de la ville de Rome, les *magistri militum*, les évêques, cessent égale-

1. Gaïus, I. 132. Ulp. X, 1, § 6, Inst. Quib. mod. jus patr. pot. (1, 12).
2. Justin., c. 6. De emanc., lib. (8, 49).
3. Nov. 118, c. 4.
4. § 4, Inst. Quib. mod. jus patr. pot. solv. (1, 12).
5. Gaïus, I, 130; III, 114. Ulp. X, 5.

ment d'être sous la puissance de leurs pères[1]. Mais, tout en devenant *sui juris*, ces personnes ne subissent aucune diminution de tête, et conservent tous leurs droits dans leur famille naturelle[2].

La perte de la puissance paternelle se présente quelquefois aussi comme une peine infligée au père. C'est ainsi que, dans l'ancien droit, cette puissance s'éteint lorsque le père a épuisé son droit de vendre ses enfants. C'est ainsi encore que, depuis Constantin, le père est déchu de sa puissance, lorsqu'il a exposé ceux auxquels il a donné le jour[3]. Un rescrit de Théodose-le-Jeune prononce la même déchéance contre le père qui a livré ses filles à la prostitution[4]. Enfin, une novelle de Justinien punit de la perte de la puissance paternelle sur ses enfants nés d'un précédent mariage le père qui, après la dissolution de ce mariage, a contracté une union incestueuse ou prohibée par la loi, *incestas, nefarias et damnatas nuptias*[5].

1. § 4, Inst. Quib. mod. jus patr. pot. solv. (1, 12). Justinien, c. 5, De consul. (12, 3). Nov. 81, præf. c. 1, c. 3.

2. Gaïus, I, 130; III, 114. Ulp. X, 5. Nov. 81, c. 2.

3. Constantin, C. Th., 1, De expos. (5, 7). Voy. *Supra*, tit. III, ch. I, sect. IV, n° 34.

4. An 428. Theod. et Valent., c. 6, De spectac. (11, 40).

5. Nov. 12, c. 2.

DES EFFETS

DU DROIT DE SUITE

EN MATIÈRE HYPOTHÉCAIRE

D'APRÈS LES PRINCIPES DU CODE NAPOLÉON.

DROIT FRANÇAIS.

Des effets du droit de suite en matière hypothécaire, d'après les principes du Code Napoléon.

INTRODUCTION.

DE LA NATURE DE L'HYPOTHÈQUE ET DES ACTIONS QU'ELLE PRODUIT.

SOMMAIRE.

1. De la nature de l'hypothèque, et des droits de suite et de préférence qui y sont renfermés.
2. Des moyens de droit qui naissent de l'hypothèque en Droit romain ; de l'interdit salvien, et de l'action quasi-servienne ou hypothécaire.
3. Des actions naissant de l'hypothèque dans l'ancien Droit français.
4. De l'action réelle hypothécaire.
5. De l'action personnelle hypothécaire.
6. De l'action d'interruption.
7. Droit moderne. Suppression de l'action réelle hypothécaire et de l'action personnelle hypothécaire.
8. L'action en déclaration d'hypothèque ou en interruption existe encore dans notre Code.

1. «L'hypothèque, dit l'art. 2114 du Code Napoléon, «est un droit réel sur les immeubles affectés à l'acquit«tement d'une obligation.»

Malgré les critiques dont cette définition a été l'objet[1], il nous semble cependant qu'elle indique d'une façon suffisante les caractères essentiels du droit hypothécaire.

1. M. Troplong, *Des hypoth.*, t. II, nº 386.

De ce que l'immeuble grevé d'hypothèque est affecté à l'acquittement d'une obligation, résulte pour le créancier le droit d'être satisfait par préférence à tous les autres, sur le prix de cet immeuble; les simples créanciers chirographaires ne peuvent point venir en concours avec lui, bien que leur débiteur soit tenu de remplir ses engagements vis-à-vis de tous ses créanciers, sur les biens mobiliers et immobiliers, présents et à venir. Car le droit de gage constitué au profit de tous les créanciers sur les biens de leur débiteur commun, n'empêche pas celui-ci d'aliéner de bonne foi sa propriété, et la constitution d'hypothèque est une véritable aliénation, en ce qu'elle ne permet plus au propriétaire d'affecter sa chose à une dette nouvelle, au préjudice du créancier dont elle garantit déjà les droits.

L'hypothèque est de plus un droit réel, inhérent à la chose, et qui la suit en quelques mains qu'elle passe. Le créancier a donc un droit principal contre la personne et contre l'immeuble; les aliénations dont il sera l'objet à l'avenir ne l'inquiètent plus; car une action pareille lui est assurée contre tous tiers acquéreurs, soit de la pleine propriété, soit de quelqu'un de ses démembrements.

L'hypothèque n'est cependant, en définitive, qu'une garantie destinée à renforcer une créance préexistante : on peut donc dire que le créancier nanti de l'hypothèque est à la fois créancier, et créancier hypothécaire. De cette double qualité découlent les droits et les obligations que lui ouvre la loi. Créancier, il peut, en vertu de l'action personnelle, rechercher son débiteur et obtenir contre lui jugement de condamnation; muni d'un titre authentique et exécutoire (art. 2213 C. N.), il est autorisé à le faire exécuter sur tous les biens meubles et immeubles appartenant actuellement à son débiteur, par toutes les voies de droit, même par l'expropriation forcée. Créancier hypothécaire, il suit, même entre les mains des tiers-acquéreurs, l'immeuble grevé de son hypothèque, pour obtenir soit le paiement de sa créance, soit le délaissement et l'adjudication publique de l'immeuble. Ainsi, non-seulement son débiteur est tenu personnellement envers lui, *jure obligationis*, mais encore l'immeuble lui répond de sa créance, quelqu'en soit le propriétaire actuel. Enfin, l'hypothèque s'étend non-seulement sur l'immeuble, mais encore sur la somme d'argent dans laquelle la vente l'a transformé, et permet au créancier de se faire payer avant tous autres sur le prix qui en est provenu. Ainsi, les droits du créancier sont garantis vis-à-vis du débiteur principal par toutes les actions personnelles attachées à la simple créance, et vis-à-vis des tiers-détenteurs et des créanciers par le droit de suite et le droit de préférence inhérents à l'hypothèque.

Nous allons étudier la manière dont ce droit de suite fonctionne dans la pratique, en recherchant quelles sont les conditions de son existence, à qu'elles personnes il appartient, contre quelles personnes il se dirige, dans quelles formes il s'exerce, vers quel but il tend, par quels moyens, enfin, les poursuites hypothécaires peuvent être évitées ou repoussées.

2. Importée par le préteur de la législation grecque dans la jurisprudence romaine, l'hypothèque y était considérée comme un gage constitué par un simple pacte, non suivi de tradition : elle assurait donc au créancier tous les droits qui résultent du gage lui-même, à l'exception du droit de vendre, qui n'était attaché qu'à la détention corporelle de la chose. Ainsi, l'hypothèque ne devenait efficace que par la mise en possession du créancier, qui seule lui donnait le droit de vendre le gage, soit publiquement, soit de gré à gré, pour se payer sur le prix. La loi lui accorde, pour arri-

ver à cette fin, des moyens tant possessoires que pétitoires.

Indépendamment de l'interdit salvien, qui lui est donné contre le débiteur principal et ses héritiers pour obtenir la possession du gage, il peut agir au pétitoire contre tout détenteur de l'immeuble, au moyen de l'action quasi-servienne ou hypothécaire. Elle se jugeait vraisemblablement d'après la formule suivante : JUDEX ESTO. SI PARET FUNDUM CAPENATEM FUISSE A. AGERII, QUUM L. TITIO PIGNORIS HYPOTHECÆVE NOMINE OBLIGARETUR ; NISI FUNDUS ARBITRIO TUO RESTITUATUR, QUANTI EA RES ERIT N. NEGIDIUM L. TITIO CONDEMNA[1]. Prétorienne dans son origine, réelle dans sa nature, l'action avait pour objet de faire condamner le défendeur à abandonner la possession du gage au profit du demandeur, à charge par ce dernier de justifier de l'existence de son droit. Elle n'était cependant efficace contre les créanciers ayant hypothèque sur la même chose, que s'ils étaient postérieurs en date au poursuivant ; les créanciers antérieurs pouvaient toujours la repousser, en vertu de l'antériorité de leurs titres, au moyen de l'exception *si non mihi ante pignoris hypothecæve nomine sit res obligata*[2]. D'un autre côté, quand le créancier, ayant en même temps hypothèque générale et hypothèque spéciale, agissait en vertu de l'hypothèque générale, soit contre le débiteur lui-même[3], soit contre un autre créancier hypothécaire[4], ceux-ci étaient autorisés à demander qu'il fît d'abord valoir son hypothèque spéciale. Enfin, d'après le droit des Novelles, l'action n'était point admise contre le possesseur non personnellement obligé à la dette, avant la discussion du débiteur principal et de ses cautions[5].

1. M. Bonjean, *Des actions*, II, p. 186.
2. Marcien, L. 12, Pr. Qui potior. in pignore (20, 4).
3. C. 9, C. De distract. pignor. (8, 28).
4. C. 2, C. De pignor. (8, 14).
5. Nov. 4, c. 2.

3. Dans l'ancien Droit français, la fin de l'hypothèque n'est plus, comme en Droit romain, la mise en possession de l'immeuble hypothéqué, mais bien la vente publique de cet immeuble : de là résulte une différence profonde dans les moyens de droit accordés au créancier. L'action hypothécaire n'est plus admise contre le débiteur principal, qui peut et doit être poursuivi directement par voie d'exécution : ce n'est que contre ses successeurs, soit à titre universel, soit à titre singulier, que la voie d'action devient nécessaire ; car, d'une part, l'hypothèque provenant du chef du défunt n'est pas exécutoire de plein droit contre son héritier, et, d'autre part, l'hypothèque étant occulte ne peut devenir efficace contre les tiers détenteurs qu'après que l'existence en a été reconnue en justice, contradictoirement avec eux. Le droit ancien attribue donc au créancier trois actions :

1° L'action réelle hypothécaire ;

2° L'action personnelle hypothécaire ;

3° L'action en interruption ou en déclaration d'hypothèque.

4. 1° L'action réelle hypothécaire, appelée aussi la *pure action hypothécaire*[1], avait lieu contre le tiers détenteur de l'immeuble hypothéqué ; elle tendait à ce que l'immeuble fut déclaré affecté et hypothéqué à la dette, et partant à ce que le détenteur fut condamné à le délaisser par hypothèque au créancier[2]. Les conclusions en étaient donc purement réelles, et étaient dirigées contre la chose et non contre la personne, qui n'était tenue d'aucune obligation. Toutefois, comme le but final des poursuites du créancier était d'obtenir par la vente de l'immeuble le paiement de sa créance, et que

1. Loyseau, *Du déguerpissem.*, liv. III, ch. 2, n° 4.

2. Loyseau, *Du déguerpissem.*, livre III, ch. 4, n° 2. Pothier, *De l'hypothèque*, ch. II, sect. I. Pothier, Orléans, tit. XX, n° 30.

souvent le tiers-détenteur pouvait avoir intérêt à la conservation de sa chose, on lui réservait la faculté de satisfaire aux poursuites par le paiement réel de la dette, en principal, intérêts et frais[1].

Le détenteur pouvait aussi, avant la contestation en cause, renvoyer le créancier à discuter sur leurs biens le débiteur principal obligé et ses cautions[2]; l'action hypothécaire demeurait suspendue pendant cette discussion.

Indépendamment de cette exception dilatoire, on lui accordait :

1° L'exception de garantie contre le créancier poursuivant, qui se trouvait, de quelque manière que ce fut, personnellement obligé envers lui à la garantie de l'éviction[3].

2° L'exception appelée *cedendarum actionum*, lorsque le poursuivant, obligé de subroger le tiers-détenteur dans tous ses droits, actions et hypothèques, avait par son fait rendu cette subrogation impossible[4].

5. 2° L'action personnelle hypothécaire se donnait contre le successeur universel ou à titre universel qui, obligé en cette qualité au paiement de la dette, détenait de plus un ou plusieurs immeubles hypothéqués. Elle n'était à proprement parler que le mélange de deux actions distinctes dans leur nature et dans leurs effets; de l'action personnelle, résultant contre l'héritier de sa qualité d'héritier, et tendant à ce qu'il fût condamné au paiement de sa part héréditaire dans la dette; et de l'action hypothécaire, fondée sur sa déten-

1. Loyseau, *Du déguerp.*, liv. III, ch. 4, nos 2, 3, 4. Pothier, *De l'hypoth.*, ch. II, sect. I, art. III.

2. Loyseau, *Du déguerp.*, liv. III, ch. 2, no 4. Pothier, *De l'hyp.*, ch. II, sect. I, art. II.

3. *Quem de evictione tenet actio, eumdem agentem repellit exceptio.* Pothier, De l'hypoth., ch. II, sect. I, art. II, § V.

4. Pothier, De l'hypoth., ch. II, sect. I, art. II, § VI.

tion des immeubles hypothéqués du chef du défunt, et dirigée plutôt contre la chose que contre la personne. On y concluait à ce que l'héritier fût condamné personnellement pour la part dont il était héritier, et hypothécairement pour le tout, comme biens tenant[1].

Ainsi recherché, l'héritier devait nécessairement satisfaire à la demande, en tant qu'elle avait pour objet de le faire condamner au paiement de la part dont il était personnellement tenu dans la dette; mais, pour le surplus, sa position était la même que celle de tout tiers-détenteur; le paiement n'était que facultatif de sa part, et il pouvait toujours échapper par le délaissement aux poursuites dirigées contre lui[2].

6. 3° L'action en interruption ou en déclaration d'hypothèque avait uniquement pour but de faire déclarer, contradictoirement avec le détenteur, que l'immeuble était affecté et hypothéqué à la dette : elle était destinée à protéger les créanciers contre les prescriptions qui pouvaient s'accomplir au profit des tiers-détenteurs. Ceux-ci, en effet, prescrivaient par une possession avec titre et bonne foi, continuée pendant dix ans entre présents, et vingt ans entre absents, la liberté de leurs héritages[2]; mais, d'un autre côté, il était interdit au créancier d'attaquer les tiers-détenteurs avant la discussion du débiteur et de ses cautions[4], et son action contre ceux-ci n'était circonscrite que dans un cadre de quarante ans[5]. Ainsi il pouvait arriver souvent que, sans aucune faute qui lui fût imputable, et sans avoir perdu sa créance, le créancier vît cependant ses poursuites contre le tiers-détenteur repoussées péremptoi-

1. Pothier, Orléans, tit. XX, ch. 52. De l'hyp., ch. II, sect. II, § 1.
2. Pothier, ibid.
3. C. 7, C. De præscript. 30 vel 40 annor.
4. Nov. 4, ch. 1.
5. C. 7, C. De præscript. 30 vel 40 ann.

rement par la prescription accomplie au profit de ce dernier.

En vain, pour sortir de cet embarras, avait-on essayé de soutenir que la prescription ne devait courir au profit du tiers-détenteur que du jour de la discussion du principal obligé; cette opinion, contraire à la fois et aux principes de l'usucapion et à l'intérêt des tiers, ne pouvait prévaloir.

Mais la pratique judiciaire sut, par une ingénieuse innovation, donner aux créanciers une protection que la loi leur refusait. Elle leur permit d'actionner en tout temps, soit que la dette fût ou ne fût pas exigible, soit que la discussion du débiteur eût ou n'eût poit été faite, le détenteur des immeubles affectés à leurs créances, pour faire reconnaître judiciairement l'existence de leurs hypothèques. L'action qui leur était donnée à cet effet, reçut le nom d'*action en déclaration d'hypothèque*, parce qu'elle n'avait pour objet que cette simple déclaration, ou d'*action en interruption*, parce qu'elle avait pour but et pour résultat d'empêcher la prescription du droit hypothécaire au profit du tiers-détenteur.

7. En introduisant dans notre système hypothécaire le principe de la publicité, nos nouvelles lois civiles ont profondément modifié non les conséquences même du droit de suite, mais la manifestation de ce droit dans la pratique.

L'hypothèque existe aujourd'hui envers et contre tous, par le seul effet de l'inscription, et jamais il n'est nécessaire de la faire proclamer avant l'exécution, soit contre le débiteur ou ses héritiers, soit contre les tiers-détenteurs. Ainsi l'art. 877 C. N. dispose que «les titres «exécutoires contre le défunt, sont pareillement exécu«toires contre l'héritier personnellement,» et soumet simplement le créancier à la nécessité de faire signifier ses titres à la personne ou au domicile de l'héritier huit jours au moins avant le premier acte de poursuite. D'un autre côté, l'art. 2169 C. N. autorise le créancier hypothécaire à faire vendre sur le tiers-détenteur qui n'a pas pleinement satisfait à ses obligations comme *biens tenant*, l'immeuble hypothéqué à sa créance, trente jours après commandement fait au débiteur originaire et sommation faite au tiers-détenteur de payer la dette exigible ou de délaisser l'héritage. Il ne saurait donc plus y avoir, dans notre droit, ni action hypothécaire proprement dite, ni action personnelle hypothécaire: car le tiers-détenteur, aussi bien que l'héritier, sont tenus à satisfaire le créancier, après une simple mise en demeure, dont les formes sont déterminées à l'égard de l'un par l'art. 2169, à l'égard de l'autre par l'art. 877 du Code Napoléon.

8. Mais l'action en déclaration d'hypothèque a-t-elle également succombé dans la transition des lois anciennes aux lois modernes?

Pour résoudre cette question, nous avons à examiner si le créancier hypothécaire peut encore redouter, dans notre droit actuel, que le tiers-acquéreur prescrive contre lui la liberté de son immeuble avant l'ouverture de sa créance et de son droit hypothécaire: si un danger de cette nature se présente, il faudra encore lui permettre de le conjurer au moyen de l'action en déclaration d'hypothèque, introduite précisément pour le cas que nous venons de signaler. Or, l'art. 2257 C. N. dispose que la prescription est suspendue à l'égard de tout droit dont l'exercice est juridiquement impossible, tant que dure cette impossibilité; «la prescription, y est-il dit, ne court point: à l'égard d'une créance «qui dépend d'une condition, jusqu'à ce que la condition arrive;... à l'égard d'une créance à jour fixe, jusqu'à ce que ce jour soit arrivé.» Toutefois, il est généralement admis que cette règle ne s'applique qu'entre le créancier et le débiteur, et qu'elle ne saurait être invoquée contre les tiers, à moins que l'empêchement dont il s'agit ne leur ait été légalement connu. Sauf ce cas d'exception, la prescription de l'hypothèque leur est acquise par le temps réglé pour la prescription de la propriété à leur profit, savoir, si la possession est de bonne foi et fondée sur un juste titre, par dix à vingt ans, à dater du jour de la transcription de ce titre sur les registres du conservateur des hypothèques; et, si leur possession n'est fondée sur aucun titre, par trente ans, à compter du jour où ils ont commencé à posséder (art. 2180 C. N.). Au contraire, la prescription n'est acquise au débiteur principal, quant aux biens qui sont dans ses mains, que par le temps fixé pour la prescription des actions qui donnent l'hypothèque. Ces deux prescriptions demeurent ainsi indépendantes l'une de l'autre ; l'obstacle que l'inexigibilité de la créance élève entre le créancier et le débiteur reste étranger au tiers-détenteur de l'immeuble, et ne l'empêche pas d'en prescrire la liberté, alors même que le caractère purement éventuel de la créance ne permet pas encore au créancier de faire à l'égard du débiteur les actes interruptifs indiqués par l'art. 2244 C. N. Le tiers-détenteur ne sera donc constitué en mauvaise foi que s'il a reconnu volontairement l'hypothèque; l'inscription prise au bureau des hypothèques ne suffira même pas pour interrompre la prescription à son égard, quoiqu'elle ait pour résultat la révélation légale du droit hypothécaire (art. 2180 C. N.). Ainsi il pourra arriver que, dans l'intervalle du jour du contrat à celui de l'accomplissement de la condition, le tiers-détenteur aura prescrit la liberté de son héritage, et que la créance ouverte par ce dernier événement et qui rétroagit au jour de l'engagement, sera devenue inefficace à son égard. Le créancier n'aura donc d'autre moyen d'arrêter sa prescription que d'obtenir de lui une reconnaissance volontaire de son droit, ou, en cas de refus, de solliciter un jugement qui lui en tienne lieu. L'action qui lui compète à cet effet ne sera autre que l'ancienne action en déclaration d'hypothèque; elle aura pour objet de faire déclarer par le tribunal, contradictoirement avec le tiers-détenteur que l'immeuble est hypothéqué au créancier pour la somme énoncée dans son titre, et sous la condition qui y est indiquée. Le créancier n'obtiendra pas par là d'hypothèque générale sur les biens du tiers-détenteur; car le jugement ne prononcera aucune condamnation contre celui-ci; l'hypothèque purement spéciale reconnue à son profit n'existera pas même actuellement, mais cependant elle pourra être inscrite *hic et nunc*, et, si la condition dont elle dépend vient à s'accomplir, elle sera censée avoir existé à l'égard du tiers-détenteur depuis le jour de la demande en justice formée contre lui.

Remarquons toutefois que l'action en interruption ne sera recevable que dans l'hypothèse que nous venons de déterminer, mais qu'une fois son droit ouvert le créancier ne pourra plus employer que la voie d'éxécution.

TITRE PREMIER.

Des créanciers auxquels appartient le Droit de suite, et des personnes contre qui il s'exerce.

CHAPITRE PREMIER.

Des créanciers auxquels appartient le Droit de suite.

SOMMAIRE.

9. Tout créancier ayant hypothèque ou privilège jouit du droit de suite.
10. Du créancier ayant hypothèque légale. Opinion de M. Troplong.
11. Réfutation de cette opinion.

9. Le droit de suite n'est qu'un corollaire, ou, pour mieux dire, qu'une partie intégrante du droit hypothécaire; il suppose donc toujours une hypothèque ou un privilège dûment acquis et régulièrement conservés: de cette condition dépendent non-seulement l'exercice, mais l'existence même du droit de suite.

Ce n'est pas ici le lieu d'exposer les règles tracées par le Code, pour la conservation des privilèges et des hypothèques: qu'il nous suffise de dire qu'elles recevront dans notre matière toute leur application. Ainsi, un créancier ayant une hypothèque conventionnelle ou judiciare ne pourra exercer aucunes poursuites, si son hypothèque n'a été inscrite au plus tard dans les quinze jours de la transcription de l'acte translatif de propriété. Il en sera de même à l'égard des créanciers privilégiés (art. 834, C. pr. civ.).

10. M. Troplong soumet à la même nécessité les femmes mariées et les mineurs qui veulent agir contre les tiers en vertu de leurs hypothèques légales. Tout en reconnaissant que ces hypothèques existent, même à l'égard des tiers-détenteurs, indépendamment de l'inscription, l'éminent magistrat exige qu'elles soient inscrites avant les poursuites en délaissement. Il fonde son opinion :

1° Sur le texte même de l'art. 2166 du Code Napoléon, qui accorde le droit de suite aux créanciers ayant privilége ou *hypothèque inscrite ;*

2° Sur la combinaison des chap. 8 et 9 du titre *des priviléges et hypothèques* (relatifs à la purge des hypothèques inscrites ou non inscrites), avec le chap. 6, qui fait l'objet de ce travail. Le tiers-détenteur, dit-il, peut arrêter les poursuites en purgeant : or, le défaut d'inscription de la part de la femme ou du mineur lui rendent impossible l'exercice de cette faculté ; car le chap. 9, étranger au cas où des poursuites sont intentées, n'indique au tiers-détenteur ni le délai dans lequel il doit exposer son contrat, à l'effet de purger les hypothèques légales, ni les offres qu'il doit faire pour éviter les poursuites [1].

11. Il est facile de sentir combien cette doctrine est erronée. Admettre l'existence de l'hypothèque, c'est en reconnaître, du même coup, l'efficacité : et M. Troplong lui-même a victorieusement établi contre un arrêt de la Cour de cassation [2], que l'hypothèque légale suit l'immeuble entre les mains des tiers-acquéreurs, sans que l'inscription en soit nécessaire [3]. Or, conçoit-on l'existence purement abstraite d'un droit de suite, qui ne procurerait pas au créancier tous les avantages pra-

1. M. Troplong, Des hypoth., t. III, n° 778 *quater*.
2. Civ. Cass., 11 août 1829. Dalloz, 29, 1, 331.
3. M. Troplong, Des hypoth., t. III, n° 778 *ter*.

tiques qui ressortent de sa nature? Il est donc bien constant que les termes de l'art. 2166 n'autorisent aucune distinction entre les hypothèques légales et les hypothèques conventionnelles ou judiciaires; l'esprit de cet article est facile à saisir malgré le vice de sa rédaction, et il est clair de voir qu'il n'a eu pour objet que la consécration de ce principe que le droit de suite n'est attaché qu'aux hypothèques régulièrement conservées.

La loi n'a soumis à aucune condition de forme la conservation des hypothèques qu'elle accorde à la femme mariée et au mineur, et le seul moyen qu'elle ouvre à l'acquéreur pour en décharger sa propriété est la purge, dont les formalités sont établies par les art. 2193 et suiv. du Code Napoléon. Si l'art. 2169 n'a renvoyé qu'aux art. 2183 et suiv., relatifs à la purge des hypothèques inscrites, c'est uniquement qu'il ne s'est préoccupé alors que de ces hypothèques, mais il n'est pas permis d'en conclure qu'il ait voulu distinguer entre les hypothèques légales, suivant qu'elles sont en mouvement ou en repos.

Le tiers-acquéreur n'est pas pour cela dépouillé de la faculté de purger; il était toujours le maître de provoquer par la publication de son contrat l'inscription des hypothèques légales; recherché par un créancier investi d'une pareille hypothèque, il ne pourra sans doute plus le mettre en demeure de prendre inscription, cette procédure étant devenue inutile par le fait même du créancier; mais il nous semble que celui-ci tombera dans la classe des créanciers inscrits, et que ses poursuites pourront être arrêtées au moyen de la notification prescrite par l'art. 2183 du Code Napoléon.

CHAPITRE II.

Des personnes contre qui s'exerce le droit de suite.

SECTION PREMIÈRE.

CE QUE C'EST QU'UN TIERS-DÉTENTEUR.

SOMMAIRE.

12. Notion du tiers-détenteur.
13. Première condition : il faut être détenteur à titre de propriétaire. — Exemples.
14. Suite. De l'emphytéote et du superficiaire.
15. Seconde condition. Il faut n'être pas personnellement obligé à la dette.

---

12. Nous appelons tiers-détenteur toute personne qui détient à titre de propriétaire un immeuble hypothéqué à la dette d'autrui. Pour être considéré comme tiers-détenteur, il faut donc :

1° Avoir une détention à titre de propriétaire;

2° Que cette détention ait pour objet un immeuble hypothéqué à une dette non personnelle au détenteur.

Le concours de ces deux conditions est indispensable, non-seulement pour rendre le droit de suite efficace à l'égard du possesseur de l'héritage, mais encore pour assurer à celui-ci les avantages et les exceptions concédées par la loi au tiers-détenteur.

13. 1° Il est sensible que celui qui ne détient qu'à titre précaire n'est, par la nature même de son titre, soumis à aucune obligation envers le créancier, qui ne saurait donc être admis à rechercher l'immeuble entre ses mains. En effet, la précarité de son titre le rend sans qualité pour reconnaître, ou seulement pour dis-

cuter les droits réels revendiqués sur l'immeuble; c'est tout à fait en dehors de lui que doivent s'agiter toutes les questions relatives à la propriété, et aux charges réelles imposées sur la chose. Or, la qualité de détenteur à titre précaire appartient, entre autres personnes, aux fermiers, colons, locataires, aux gardiens judiciaires, dépositaires et séquestres, aux créanciers antichrésistes, à ceux qui n'ont sur la chose que la possession annale de bonne ou de mauvaise foi.

Mais le détenteur *animo domini* est, par l'effet même de son titre, le contradicteur légitime à toutes les actions ou poursuites réelles dirigées contre la chose; c'est à lui seul que les droits réels qui la grèvent peuvent préjudicier en définitive; lui seul aussi doit être appelé pour les reconnaître ou les contester. Il importe peu d'ailleurs que son titre soit gratuit ou onéreux, révocable ou irrévocable. Ainsi, nous considérons comme détenteurs à titre de propriétaire l'héritier légitime, les successeurs universels, les légataires universels, à titre universel ou à titre particulier, le donataire, soit de biens présents, soit de tous biens présents et à venir, soit de tous biens présents seulement, l'acheteur, l'adjudicataire, l'échangiste, l'usufruitier, mais seulement en ce qui concerne son usufruit.

14. L'emphytéote et le superficiaire, quoique n'étant pas propriétaires des fonds mêmes soumis à leurs droits, ont cependant sur ces fonds des droits beaucoup plus étendus qu'un simple usufruitier, puisqu'ils sont autorisés, non-seulement à jouir, mais encore à disposer l'un du fond lui-même, l'autre de la superficie; c'est sur leur tête que réside le domaine utile, démembré du domaine direct que le propriétaire retient par devers lui. Aussi, les anciens auteurs décidaient-ils que l'action réelle hypothécaire devait se donner, non point contre le propriétaire de l'immeuble, mais contre l'emphytéote

et le superficiaire[1]. Il en sera de même sous l'empire du droit actuel, d'après lequel «l'hypothèque est, de sa «nature, indivisible, et subsiste, en entier, sur tous les «immeubles affectés, sur chacun, et sur chaque portion «de ces immeubles» (art. 2114, al. 2, C. N.). Le créancier inscrit sur l'immeuble a donc le droit de le rechercher entre les mains de tous ceux qui en détiennent soit la pleine propriété, soit un démembrement de cette propriété. Il est bien entendu toutefois que, si la création des droits d'emphytéose et de superficie était antérieure à la constitution de l'hypothèque consentie par le propriétaire seul, l'emphytéote et le superficiaire seraient à l'abri de toutes poursuites de la part du créancier; mais, si l'hypothèque était antérieure par sa date au démembrement de la propriété, ou si l'emphytéote ou le superficiaire avaient pris part à sa constitution, le créancier exercerait son droit tant contre eux que contre le propriétaire même du fonds; il pourrait même se dispenser de rechercher celui-ci, car les droits de l'emphytéote ou du superficiaire leur permettraient de satisfaire pleinement aux poursuites.

15. La seconde condition que nous exigeons dans le détenteur est que l'hypothèque grevant l'immeuble qu'il détient, procède, non de son chef, mais de celui d'un précédent propriétaire. Si cette hypothèque garantissait une dette qui lui fût personnelle, soit dès l'origine, soit par l'effet d'une convention postérieure, il n'aurait pas la qualité de tiers, et la jouissance des priviléges qui y sont attachés. Il en résulte qu'on ne considère pas, en général du moins, comme tiers-détenteur, ni l'héritier, ni les successeurs universels ou à titre universel, ni même les successeurs à titre particulier, lorsque par

1. Pothier, Traité de l'hypoth., ch. 2, sect. 1re, art. 1er. Loyseau, liv. 3, ch. 3, n° 2.

leurs contrats ils se sont obligés au paiement des dettes assises sur l'immeuble[1]. Mais la qualité de tiers-détenteur appartient évidemment au tiers qui, sans s'obliger personnellement, constitue sur ses immeubles une hypothèque destinée à garantir la dette d'autrui : cette concession n'empêche pas que la dette lui reste étrangère.

Enfin, le créancier qui, pour se couvrir de ses prétentions, a reçu en paiement l'immeuble affecté à sa créance, doit être en tout point assimilé à l'acquéreur : l'immeuble n'a pu passer entre ses mains qu'avec la charge de toutes les hypothèques qui y étaient établies, mais les dettes dont elles répondent ne sont pas devenues ses dettes personnelles, à moins qu'il ne se soit spécialement obligé à les acquitter. Il est donc tiers-détenteur, et soumis comme tel à l'action hypothécaire des créanciers même postérieurs au rang ; l'antériorité de sa créance ne l'autoriserait pas à repousser leurs poursuites, quand même il soutiendrait que ses prétentions sont de telle importance qu'elles absorberaient complétement la valeur du fonds.

1. Voy. plus bas, titre II, ch. II, sect. I, art. 1er, *Des personnes qui peuvent délaisser.*

SECTION II.

DES OBLIGATIONS DU TIERS-DÉTENTEUR.

SOMMAIRE.

16. Le tiers-détenteur est obligé à délaisser, si mieux il n'aime payer ; le paiement est purement facultatif de sa part.
17. Mauvaise rédaction des art. 2167 et 2168 du Code Napoléon.
18. Du délaissement. Du paiement.
19. Le créancier peut agir contre le tiers-détenteur comme subrogé aux droits et actions de son débiteur.

16. Ainsi que nous avons déjà eu occasion de l'établir, l'action hypothécaire proprement dite n'existe plus dans le système de notre Code; elle y a été remplacée par l'exécution immédiate sur les biens; mais les poursuites hypothécaires ont conservé le caractère de réalité qui appartenait à l'action, dans l'ancienne jurisprudence. Leur base est, non pas la simple créance, le *jus in personam*, mais le droit de suite, le *jus in re*, inhérent à l'immeuble entre les mains de tout possesseur. Lors donc qu'un créancier hypothécaire agit contre un tiers-détenteur, ce n'est pas sa personne qu'il recherche, mais la chose détenue par lui. Le tiers-détenteur n'est pas obligé envers le créancier, car il n'y a eu entre ces deux personnes ni contrat, ni quasi-contrat; et même il perd sa qualité, il intervertit sa position, du moment où, par un acte quelconque, il s'est chargé sur sa personne des dettes qui jusque là ne grevaient que son immeuble. Il est donc clair qu'en délaissant l'immeuble recherché entre ses mains, il aura satisfait aux poursuites dirigées contre lui, et que le créancier ne pourra pas, en général du moins, demander qu'il soit condamné au paiement réel de sa créance. Toutefois, comme c'est là le but final auquel tend ce dernier,

le tiers-détenteur peut, s'il y trouve son avantage, lui offrir le paiement intégral de ses prétentions en principal, intérêts et frais ; mais ce n'est là qu'une pure faculté de sa part, et nullement une obligation.

17. Le Code Napoléon paraît cependant mettre à la charge du tiers-détenteur, comme s'il était personnellement obligé, toutes les dettes hypothécaires, ou tout au moins lui imposer l'alternative ou de payer ou de délaisser. «Si le tiers-détenteur, dit l'art. 2167 C. N., «ne remplit pas les formalités qui seront ci-après éta-«blies pour purger sa propriété, *il demeure, par l'effet* «*seul des inscriptions, obligé à toutes les dettes hypothécaires*...» Et l'art. 2168 ajoute : «*Le tiers-détenteur est tenu*, dans le «même cas, *ou de payer* tous les intérêts et capitaux exi-«gibles, à quelque somme qu'ils puissent monter, *ou de* «*délaisser* l'immeuble hypothéqué, sans aucune réserve.»

A la vérité, les anciennes coutumes, dont ces articles ne sont en quelque sorte que la reproduction, ne s'exprimaient guère plus correctement[1] ; mais les écrits des commentateurs nous font connaître l'origine de ces expressions vicieuses. Tous les jurisconsultes tenaient que le tiers-détenteur pouvait seulement être contraint au délaissement, si mieux il n'aimait payer ; mais l'usage s'introduisit au palais de conclure contre lui à ce qu'il fût condamné à délaisser ou à payer, et plus tard même on intervertit cet ordre d'idées en concluant au paiement ou au délaissement. Il arriva ainsi qu'une pratique ignorante fit à la longue oublier les principes du droit, et convertir en obligations alterna-

1. Art. 101 de la Coutume de Paris : «Les détempteurs et proprié-«taires d'aucuns héritages obl[illegible]z ou hypothéquez à aucunes rentes «ou autres charges réelles ou a[illegible]telles, sont tenus hypothécairement «icelles payer avec les arrérages qui en sont deus ; à tout le moins «sont tenus iceux héritages délaisser, pour estre saisis et ajugez par «décret au plus offrant et dernier enchérisseur, à faute de paiement «des arrérages qui en sont deus, etc.»

tives deux choses, dont l'une était en réalité une obligation unique et principale, et l'autre une pure faculté. Le législateur moderne a cédé à cette erreur; toutefois il faut dire, pour rester juste dans notre critique, que la Coutume de Paris n'assujettissait le détenteur qu'à *hypothécairement payer*, et que l'art. 2167, C. N., ne le déclare obligé que *comme détenteur*; ce tempérament corrige jusqu'à un certain point le vice des expressions que nous rencontrons dans la loi.

18. Le délaissement, qui constitue l'obligation du tiers-détenteur a pour objet l'immeuble hypothéqué au créancier poursuivant; il doit être fait sans aucune réserve, et comprendre tous les accessoires dépendant de l'immeuble et tout ce qui y est réputé de nature immobilière; car l'hypothèque est, de sa nature, indivisible, et existe *tota in toto, et tota in qualibet parte.* Le détenteur ne serait donc pas admis à délaisser seulement une partie de l'immeuble, quand même il paraîtrait évident que l'immeuble entier a une valeur bien supérieure à l'importance de la créance du poursuivant, et que la partie abandonnée suffirait pour le couvrir de ses prétentions. Ce n'est qu'en payant, qu'il pourra, dans ce cas, éviter l'éviction dont il sera menacé.

Le paiement, facultatif au tiers-détenteur, doit, pour être satisfactoire, comprendre l'intégralité des sommes dues au créancier poursuivant, tant en principal qu'en intérêts conservés par l'inscription et en frais. Ces sommes ne peuvent être réduites par l'effet d'aucune déduction personnelle à l'acquéreur; ainsi, par exemple, il ne peut imputer sur la dette le prix ou la portion du prix, payée par lui à son vendeur. Il n'y a pas lieu non plus de rechercher si les dettes dépassent ou non la valeur de l'immeuble; elles doivent être payées intégralement, à quelque somme qu'elles puissent se monter (art. 2168 C. N.).

Le tiers-détenteur qui s'est engagé à payer, jouit à cet égard des termes et délais accordés au débiteur originaire, soit par la convention, soit par le juge (art. 2169, C. N.). Il nous semble même que les tribunaux pourraient prolonger ces termes sur sa demande, si sa position méritait qu'on lui accordât cette faveur (art. 1244, C. N.).

Enfin, mentionnons ici que la loi concède au tiers-acquéreur le privilége de ne payer les créances inscrites sur l'immeuble que jusqu'à concurrence de son prix, à charge par lui de remplir les formalités exigées pour la purge des hypothèques; mais dans ce cas, il est tenu d'acquitter sur-le-champ et jusqu'à due concurrence, toutes les dettes et charges hypothécaires venant en ordre utile, sans distinction des dettes exigibles ou non exigibles (art. 2167 et 2184 C. N.).

19. Si le tiers-détenteur ne peut être contraint au paiement, il faut reconnaître qu'il n'en est ainsi qu'autant que le créancier agit contre lui en son nom personnel. Mais il lui est loisible ici, comme dans toute circonstance, d'exercer les droits et actions de son débiteur (art. 1167, C. N.); il peut donc, s'il y trouve son intérêt, poursuivre le tiers-détenteur aux fins de paiement de son prix, ou même aux fins de résolution de vente (art. 1654, C. N.). Toutefois le détenteur sera autorisé à opposer à l'action ainsi introduite toutes les exceptions et tous les droits qui lui compètent contre le débiteur principal; et ainsi l'action du créancier pourra quelquefois devenir inefficace; notamment, si le tiers-détenteur avait lui-même une créance antérieur en hypothèque, en paiement de laquelle l'immeuble lui aurait été abandonné.

TITRE II.

De la poursuite de l'hypothèque contre le tiers-détenteur.

CHAPITRE PREMIER.

Des formes de la poursuite.

SOMMAIRE.

20. Le créancier doit agir, non par voie d'action, mais par voie d'exécution.
21. Des formes et du délai de la sommation au tiers-détenteur.
22. De la durée pendant laquelle cette sommation conserve son effet. — Renvoi.

20. Le créancier qui veut poursuivre un tiers-détenteur n'agit pas contre lui par voie d'action, mais par voie d'exécution. Il ne doit plus, comme dans l'ancien droit, obtenir contre lui un jugement qui déclare l'immeuble hypothéqué à sa créance, et qui par suite le condamne au délaissement : l'hypothèque étant publique, existe par le seul effet de l'inscription envers et contre toute personne, et il serait à la fois inutile et frustratoire d'actionner un tiers-détenteur aux fins de la reconnaître. Le créancier peut et doit donc immédiatement mettre son droit à exécution. A cet effet, il fait faire, par acte d'huissier, sommation au tiers-détenteur de délaisser, dans les trente jours, l'héritage, si mieux il n'aime payer la dette exigible en principal, intérêts et frais. Cette sommation doit être précédée d'un commandement fait au débiteur principal de payer la dette exigible dans le même délai de trente jours (art. 2169, C. Nap.).

Nous disons *précédée*; tel doit être, en effet, l'ordre logique de la poursuite : car le commandement au débiteur principal n'a d'autre objet que d'établir son refus de s'acquitter, et ce refus est indispensable pour autoriser l'exécution forcée sur les biens, alors surtout que ces biens ont passé entre les mains de tiers. Toutefois, le législateur a gardé le silence sur la question qui nous occupe; il s'est borné à exiger la signification du commandement et de la sommation, sans dire lequel de ces deux actes devra être fait le premier; il n'a pas non plus demandé que le commandement soit dénoncé au tiers-détenteur, ni que mention en soit faite dans la sommation. Il faut donc reconnaître que le tiers-détenteur ne pourrait invoquer la nullité des poursuites dirigées contre lui, par le motif que la sommation de délaisser lui aurait été signifiée avant le commandement fait au débiteur originaire.

21. La sommation au tiers-détenteur est soumise aux formalités ordinaires des exploits; il en résulte :

1° Qu'elle doit, à peine de nullité, contenir la désignation exacte de l'immeuble ou des immeubles grevés d'hypothèque au profit du créancier poursuivant [1] (arg., art. 64, C. pr. civ.);

2° Qu'elle doit, aussi à peine de nullité, être accompagnée de la copie entière des titres obligatoires et revêtus de la formule d'*exequatur*, en vertu desquels le créancier agit, ainsi que des bordereaux constatant l'inscription de ces titres au bureau des hypothèques [2] (arg., art. 65, C. pr. civ.; art. 2166, C. Nap.).

Mais, quoique la sommation tienne lieu à l'égard du

1. Contra M. Bioche, Diction. de procédure, v° Saisie immobilière, n° 140. Cassat., 19 novembre 1817.

2. Contra M. Troplong, Des hypoth., t. III, n° 794. De la prescription, II, 579. Douai, 18 mai 1836; Dalloz, 37, 2, 172. Bourges, 17 avril 1839; Dall. 40, 2, 50.

tiers-détenteur du commandement prescrit par l'art. 673 du Code de procédure civile, la nature spéciale de ce dernier acte n'autoriserait pas à étendre à la sommation, par voie d'analogie, les dispositions particulières qui en régissent la forme. On ne pourrait donc pas exiger que la sommation contienne élection de domicile dans le lieu où siège le tribunal qui devra connaître de la saisie, si le créancier n'y demeure pas, ni qu'elle énonce qu'à défaut de délaissement ou de paiement, le créancier fera procéder à la saisie de l'immeuble, ni même qu'elle soit visée par le maire de la commune où le tiers-détenteur est domicilié. Sans doute il sera prudent, de la part des huissiers, de se conformer sur ces divers points aux prescriptions de l'art. 673 du Code de procédure civile, et peut-être eût-il été désirable que la loi leur en imposât l'obligation; mais, comme elle ne l'a pas fait, l'inobservation de ces formalités non essentielles n'aurait pas pour conséquence la nullité de leurs exploits.

Le délai de la sommation est de trente jours (art. 2169, C. Nap.); ce délai toutefois ne court que du jour du commandement, s'il est postérieur.

22. Nous pourrions traiter ici la question de savoir pendant combien de temps la sommation conserve son effet; mais il nous semble plus convenable d'en renvoyer l'examen à la section 3e du chapitre suivant, où nous parlerons de l'expropriation forcée poursuivie contre le tiers-détenteur.

CHAPITRE II.

De l'objet de la poursuite.

SOMMAIRE.

23. Division du chapitre.

23. L'objet de la poursuite contre le tiers-détenteur est indiqué par la nature et l'étendue de son engagement. Obligé qu'il est de délaisser l'immeuble hypothéqué, ce délaissement est tout ce que le créancier peut demander de lui, sauf la faculté qui lui est réservée de payer l'intégralité de la dette, en principal, intérêts et frais.

Nous allons donc étudier :

1° Les dispositions du Code relatives au délaissement;

2° La faculté qui appartient au tiers-détenteur de payer.

Nous y ajouterons :

3° Les droits du créancier, en cas de refus du tiers-détenteur d'exécuter ses obligations.

SECTION PREMIÈRE.

DU DÉLAISSEMENT.

ARTICLE PREMIER.

Notion du délaissement. Des personnes qui peuvent délaisser.

SOMMAIRE.

24. Notion du délaissement.
25. Pour pouvoir délaisser, il faut : 1° n'être pas personnellement obligé, 2° avoir capacité pour aliéner.
26. Examen de la première condition. Quels en sont les motifs.
27. Suite. Le tiers-détenteur peut délaisser, quoiqu'il ait reconnu l'obligation ou subi condamnation en cette qualité seulement.
28. Suite. De ceux qui sont personnellement obligés. De l'héritier.
29. Suite. Des successeurs universels, légataires universels ou à titre universel, donataires de tous biens présents et à venir.
30. Suite. De l'acquéreur, de l'échangiste, et des autres successeurs à titre particulier.
31. Suite. Quid, si l'acquéreur a été délégué à payer son prix aux créanciers ?
32. Suite. Quid, s'il s'est obligé à purger ?
33. Suite. L'acquéreur est admis à délaisser, soit qu'il ait ou non payé son prix au vendeur.
34. Examen de la seconde condition. De ceux qui ne sont pas propriétaires.
35. Suite. De ceux qui, quoique propriétaires, sont incapables d'aliéner.
36. Suite. L'héritier bénéficiaire peut-il délaisser ?
37. Suite. Des effets du délaissement fait par un incapable.

24. Le délaissement est l'abandon de la chose hypothéquée fait par le tiers-détenteur au profit du créancier poursuivant, qui la fera ensuite vendre par expropriation forcée, dans les formes prescrites par la loi. Dans son principe, c'est un juste privilége accordé au tiers-détenteur pour se décharger des poursuites dirigées contre lui à raison de dettes qui lui sont étrangères. Dans ses effets, c'est une abdication immédiate de la possession et une aliénation éventuelle de la propriété qui se consommera définitivement par l'adjudication publique de l'immeuble.

25. Ces considérations ont guidé le législateur dans la désignation des personnes qu'il admet au délaissement : «il peut, dit l'art. 2172 du Code Napoléon, être «fait par tous les tiers-détenteurs qui ne sont pas per«sonnellement obligés à la dette, et qui ont la capacité «d'aliéner.» Le tiers-détenteur doit donc satisfaire à deux conditions; il faut :

1° Qu'il ne soit pas personnellement obligé à la dette;

2° Qu'il ait la capacité d'aliéner.

26. 1° En effet, si le détenteur est personnellement obligé à la dette, il ne peut échapper aux poursuites du créancier que par le paiement intégral de ce qui lui est dû. La saisie immobilière et l'expropriation forcée ne sont que des moyens juridiques pour le contraindre à l'accomplissement de ses promesses : c'est contre lui, et non contre sa chose que les poursuites sont dirigées, et elles ont pour fondement, moins l'hypothèque, garantie purement accessoire, que la créance dont cette garantie ne fait que dépendre. Il faut donc qu'il soit constamment présent ou dûment appelé aux actes d'exécution, afin d'en contrôler la validité, d'opposer, s'il y a lieu, les paiements qu'il peut avoir faits, ou les prescriptions accomplies à son profit, de surveiller la vente, pour faire porter l'immeuble au prix le plus élevé possible, de contrôler l'emploi du prix, etc.; il le faut surtout dans l'intérêt des créanciers, pour que le débiteur ne puisse pas ultérieurement venir critiquer des actes faits hors de sa présence, et remettre en question ce que l'on croyait définitivement accompli. D'ailleurs, il est

possible aussi, comme le fait observer M. Troplong[1], que la honte de l'expropriation forcée soit un frein pour empêcher le débiteur de manquer à ses obligations, et que la crainte de s'y voir exposé l'excite à tenir loyalement ses promesses.

27. Mais, la faculté de délaisser n'étant refusée qu'au détenteur obligé personnellement à la dette, on devait en conclure, et le législateur en a conclu dans l'art. 2163 du Code Napoléon, que le délaissement peut être fait, même après que le tiers-détenteur a reconnu l'obligation ou subi condamnation en cette qualité seulement : aucun de ces événements n'a pu avoir pour effet de changer sa position.

Quant au point de savoir s'il y a ou non obligation personnelle, les tribunaux le décideront d'après les règles du droit, et les circonstances de fait particulières à chaque cause; mais, dans le doute, ils devront présumer qu'on n'a voulu s'obliger que comme tiers-détenteur.

28. Il nous importe cependant de rechercher dans quels cas il y a obligation personnelle de la part du tiers-détenteur; elle résulte, soit de la nature même de son titre d'acquisition, soit d'une clause particulière insérée dans son contrat.

1° Au premier rang des titres dont découle de plein droit une obligation personnelle à la charge de l'acquéreur, nous rencontrons le titre d'héritier; continuant la personne du défunt et saisi dès l'instant de son décès de tous ses droits actifs, il est juste que, dès le même instant, l'héritier soit obligé à toutes les dettes du défunt, comme s'il les avait lui-même contractées.

Toutefois, s'il se trouve en concours avec d'autres personnes appelées au même titre, il n'est tenu des dettes que dans la proportion de sa part héréditaire

1. Des hypothèques, III, n° 811.

dans l'actif. Si donc, après avoir payé cette part dont il répond personnellement, il était recherché sur les immeubles hypothéqués dont il est possesseur, pour les portions dans les dettes dont ses cohéritiers sont seuls tenus, sa position serait ici celle d'un tiers-détenteur, et lui vaudrait la jouissance des priviléges attachés à cette qualité ; l'ancienne jurisprudence lui accordait donc alors la faculté de délaisser, et cette décision devrait encore être suivie.

Mais, en dehors de l'hypothèse que nous venons d'indiquer, il est difficile de concevoir dans la pratique le dédoublement de l'action du créancier. L'héritier poursuivi sur les immeubles héréditaires échus à son lot, tant en son nom personnel, comme héritier, que comme détenteur des immeubles hypothéqués, ne pourrait pas demander que les poursuites soient continuées contre lui sur les immeubles qu'il jugera suffisants pour le paiement de sa dette, et offrir le délaissement du surplus; car, d'abord, il est impossible de déterminer dès à présent la valeur des immeubles et de dire quelle quotité de ces immeubles sera suffisante pour le paiement de la dette de l'héritier; et, d'un autre côté, celui-ci serait sans intérêt pour faire le délaissement, puisque la honte de l'expropriation forcée ne pourrait point lui être évitée. Il devra donc laisser vendre les immeubles sur lui, sauf à exercer ensuite contre ses cohéritiers le recours que lui ouvre l'art. 875 du Code Napoléon.

Les observations que nous venons de présenter nous paraissent applicables à l'héritier bénéficiaire aussi bien qu'à l'héritier pur et simple; tous deux sont obligés personnellement, quoique le premier ne continue pas la personne du défunt, et ne soit tenu des dettes que jusqu'à concurrence de la valeur des biens héréditaires.

29. 2° Nous en dirons autant des successeurs univer-

sels appelés à défaut d'héritiers. Ils ne continuent pas la personne du défunt, mais ils succèdent cependant à ses obligations. Si plusieurs enfants naturels viennent concurremment à la même succession, chacun ne peut être contraint à payer que sa part dans la dette, et doit pour le surplus être admis à délaisser.

Il faut aussi, du moins en général, et sauf l'exception ci-dessus, interdire le délaissement :

3° Aux légataires universels ou à titre universel, dont la position se détermine d'après les mêmes principes, puisqu'eux aussi sont obligés au paiement des dettes de la succession ;

4° Au donataire de tous biens à venir, ou institué contractuellement, ainsi qu'au donataire de tous biens présents et à venir qui a accepté la donation pour le tout (art. 1082 et 1085, C. N.).

30. Au contraire, l'acquéreur, l'échangiste, celui qui a reçu un immeuble en paiement, le donataire de biens présents, le légataire à titre particulier sont, par la nature même de leurs titres, dispensés des dettes personnelles de ceux dont ils tiennent leurs droits, et ne peuvent devenir débiteurs qu'en leur qualité de possesseurs, si les immeubles qu'ils ont acquis sont grevés d'hypothèques.

Il en est autrement toutefois :

1° A l'égard du donataire ou du légataire, si une clause spéciale de la donation ou du testament les assujettit à payer tout ou partie des dettes du donateur ou du testateur ;

2° A l'égard de l'acquéreur, si une condition semblable est stipulée dans son contrat, ou s'il est acquéreur de droits successifs.

31. Supposons, par exemple, que l'acquéreur ou l'adjudicataire aient été par le contrat, ou par une clause du cahier des charges, délégués à payer leur prix entre

les mains des créanciers à la décharge du vendeur : il nous semble que cette stipulation renferme, dans tous les cas, une obligation personnelle à la charge de l'acquéreur, encore bien que la délégation n'ait pas été acceptée expressément par les créanciers. A la vérité, il n'y a encore, à l'égard de ceux-ci, qu'une pollicitation insuffisante par elle-même pour former un lien de droit. Mais il n'est plus au pouvoir de l'acquéreur de rétracter cette offre qui n'émane point de lui personnellement; et, d'un autre côté, les créanciers peuvent l'accepter quand bon leur semble, et consommer ainsi la convention par laquelle l'acquéreur demeurera responsable envers eux, sur son prix de vente, des dettes du vendeur.

Ajoutons toutefois qu'entre l'acquéreur et le vendeur la délégation n'est qu'un mandat, révocable au gré de ce dernier; l'acceptation des créanciers ne sera donc plus possible, et par suite l'obligation personnelle de l'acquéreur ne pourra plus se former vis-à-vis d'eux, si, antérieurement à leur acceptation, le vendeur a révoqué la stipulation que, dans son contrat, il avait faite à leur profit.

32. Que déciderons-nous, si le contrat d'acquisition impose à l'acquéreur l'obligation de purger, et qu'en exécution de cette clause, ou pour profiter de la faculté que lui réserve l'art. 2183 du Code Napoléon, il ait fait faire aux créanciers inscrits les notifications prescrites par cet article ?

Il faut reconnaître, en principe, que la stipulation dont il s'agit n'aura, même entre l'acquéreur et le vendeur, qu'un effet fort restreint; car, d'une part, le vendeur est sans intérêt pour exiger le purgement; et, d'autre part, c'est là une faculté que la loi elle-même réserve à l'acquéreur, de sorte que le vendeur ne pourrait ni la lui interdire, ni la convertir pour lui en obligation, et que, dans tous les cas, une stipulation de ce genre serait complétement inefficace à l'égard des créanciers. La question se réduit donc, entre l'acquéreur et le vendeur, à une simple question de frais; et quant aux créanciers qui n'ont point été parties au contrat, les clauses qui y sont insérées ne peuvent être invoquées ni par eux, ni contre eux.

Mais si l'acquéreur, soit pour obéir au contrat, soit pour user de la faculté de la loi, a fait faire aux créanciers inscrits les notifications prescrites pour arriver à la purge, il est évident qu'il aura ainsi modifié sa position vis-à-vis des créanciers, et qu'il ne sera plus le maître de révoquer les offres qu'il a dû leur faire dans l'acte de notification. Il sera donc devenu leur obligé, et ne pourra plus être déchargé de son obligation que par l'effet de leur consentement.

33. Enfin, la question de savoir si le tiers-détenteur est ou non personnellement obligé, ne peut s'élever qu'entre lui et le créancier hypothécaire; il n'y a jamais lieu de rechercher s'il a désintéressé son vendeur, ou s'il est encore débiteur envers lui de tout ou partie de son prix. Le vendeur ne sera donc pas admis à critiquer le délaissement, quoiqu'il en résulte en définitive une résolution du contrat; car cette résolution ne procède pas de la volonté de l'acquéreur, mais du fait du vendeur lui-même, à cause de l'hypothèque qu'il a consentie ou laissé prendre sur l'immeuble; et ainsi elle donnera même lieu contre lui à une action en garantie pour cause d'éviction.

Il en serait autrement toutefois, si l'acquéreur s'était obligé par le contrat à payer son prix aux créanciers; car alors, ainsi que nous l'avons vu, ces derniers pourraient à tout moment accepter la délégation, et, quand même ils y auraient renoncé en acceptant le délaissement, il ne serait plus au pouvoir de l'acquéreur de rompre le *vinculum juris* formé entre lui et son vendeur; celui-ci pourrait donc, sinon faire annuler le délaissement, du moins le faire considérer comme frauduleux à son égard, et obtenir des dommages-intérêts contre l'acquéreur, à raison de l'inexécution de ses engagements.

34. 2° La seconde condition exigée dans le tiers-détenteur pour qu'il soit admis au délaissement, est sa capacité d'aliéner. Cette condition en suppose deux autres :

1) Que le possesseur soit propriétaire;

2) Qu'il soit maître de ses droits.

1° Ne peuvent pas délaisser, parce qu'ils ne sont pas propriétaires :

a) Le curateur à succession vacante (art. 811 et suiv., C. Nap.).

b) L'administrateur chargé de gérer la succession réclamée par des successeurs irréguliers, pendant la procédure d'envoi en possession.

c) L'envoyé en possession provisoire des biens d'un absent (art. 128, C. Nap.).

d) L'administrateur nommé par le tribunal aux biens du présumé absent, en vertu de l'art. 112 du Code Napoléon.

e) L'administrateur provisoire chargé, pendant l'instance en interdiction, de prendre soin de la personne et des biens du défendeur (art. 497, C. Nap.).

f) L'administrateur provisoire nommé, en vertu de l'art. 32 de la loi du 30 juin 1838, aux biens de la personne non interdite placée dans un établissement d'aliénés.

g) Les syndics provisoires de la faillite (art. 462, C. comm.).

35. 2° Ne peuvent pas délaisser, puisqu'ils ne sont pas maîtres de leurs droits :

a) Le mineur, même émancipé, sans l'observation des formalités prescrites par les art. 457 et 458 du Code Napoléon, c'est-à-dire sans l'autorisation du conseil de famille, et l'homologation du tribunal de première instance. C'est à tort que M. Troplong [1] a cru que cette homologation n'est pas nécessaire. Le savant auteur invoque à l'appui de sa doctrine l'art. 464 du Code Napoléon; mais il suffit, pour le convaincre d'erreur, de faire observer qu'il ne s'agit pas ici d'acquiescer à une demande relative aux droits immobiliers du mineur.

b) Le tuteur d'un interdit, sans l'accomplissement des mêmes formalités (art. 509, C. Nap.).

c) Le majeur, pourvu d'un conseil judiciaire, sans l'assistance de ce conseil (art. 499 et 513, C. Nap.).

d) La femme mariée, sous quelque régime que ce soit, sans l'autorisation de son mari (art. 217, C. Nap.).

e) La femme dotale, sans l'autorisation de la justice, si le délaissement doit avoir pour objet un immeuble dotal (art. 1558, C. Nap.).

f) Le failli (art. 443, C. comm.).

g) Les syndics définitifs de la faillite ou de l'union, sans l'autorisation du juge-commissaire (art. 572, C. comm.). Mais l'autorisation du tribunal civil ne sera pas nécessaire, quoiqu'elle soit exigée pour la vente.

h) Les successeurs irréguliers, avant leur envoi en possession.

Dans tous les cas, l'incapacité du détenteur ne saurait avoir pour effet d'arrêter les poursuites du créancier hypothécaire; celui-ci peut et doit passer outre, sans attendre que le tiers incapable ait rempli les formalités qui lui sont imposées à cause de son incapacité.

36. On agitait, dans l'ancienne jurisprudence, la question de savoir si l'héritier bénéficiaire a capacité pour délaisser. Les uns, pénétrés de l'idée que l'héri-

1. Des hypothèques, III, nº 820.

tier bénéficiaire tient plus du curateur à succession vacante que du véritable héritier, puisqu'il doit compte aux créanciers des biens de la succession, étaient ainsi amenés à lui interdire le délaissement[1]; les autres, au contraire, le lui permettaient toujours, parce qu'ils voyaient en lui le véritable propriétaire des biens de l'hérédité[2].

L'héritier bénéficiaire a, en effet, une double qualité, selon qu'on le considère en lui-même ou dans ses rapports avec les créanciers de la succession. Il est propriétaire de l'hérédité, en vertu de la vocation de la loi qui lui donne la saisine héréditaire, et l'appelle à profiter de toutes les valeurs qui resteront dans la succession après le paiement des dettes et charges dont elle est grevée. Comme tel, il a incontestablement le droit d'aliéner, même sans formalités de justice, à titre gratuit ou onéreux, la possession ou la propriété de tous les biens meubles et immeubles de la succession.

Mais, d'un autre côté, la loi accorde à l'héritier bénéficiaire le privilége de n'être tenu des dettes que jusqu'à concurrence de la valeur des biens héréditaires: elle veut donc que, dans la réalisation de ces biens, il apporte tous les soins nécessaires pour les porter à leur véritable valeur, et dans ce but elle l'assujettit, mais dans l'intérêt des créanciers seulement, à l'emploi de certaines formalités. Toutefois, la capacité de l'héritier bénéficiaire n'en est point affectée; et par suite, le délaissement qu'il aura pu faire dans les formes tracées par l'art. 2174 du Code Napoléon d'un immeuble hypothéqué aux dettes héréditaires, sera parfaitement valable, au moins en ce qui concerne le créancier poursuivant.

1. Arrêt du Parlement de Paris, du 3 juin 1592.

2. Loyseau, Du délaissement, liv. 4, ch. 6, nos 16 et suiv. Pothier, Orléans, t. XIX, no 81.

Mais pourra-t-on, de la part des autres créanciers, exiger que le délaissement soit fait suivant les formes prescrites par les art. 806 du Code Napoléon et 987 du Code de procédure civile pour la vente des immeubles, et soutenir qu'à défaut de ces formalités l'héritier sera déchu du bénéfice d'inventaire?

Nous ne le pensons pas. Il est évident, tout d'abord, que l'expropriation forcée peut être poursuivie contre l'héritier bénéficiaire aussi bien que contre l'héritier pur et simple; or, c'est là, en définitive, le but des poursuites du créancier. Mais pourquoi l'héritier bénéficiaire serait-il tenu de laisser saisir et adjuger publiquement sur lui un immeuble qu'il détient pour une dette qui n'est pas la sienne, et pourquoi ne pourrait-il pas éviter, par les mêmes moyens que tout autre tiers-détenteur, la honte de l'expropriation forcée?

Nous ajouterons avec M. Troplong[1], que «les formalités dont parlent les art. 806 du Code Napoléon et «987 du Code de procédure civile, ne concernent que «la *vente;* qu'elles sont par conséquent étrangères au «délaissement, qui est un acte d'abdication différent, «et pour lequel d'ailleurs le Code civil a tracé des formalités solennelles qui servent de garantie et ne permettent pas de supposer que l'immeuble n'a pas été «cédé pour sa juste valeur.»

L'héritier bénéficiaire fera prudemment toutefois de poursuivre l'homologation contradictoirement avec les créanciers de la succession, pour que ceux-ci puissent immédiatement, s'ils s'y croient fondés, opposer au nom de l'héritier toutes les exceptions au moyen desquelles il pourrait repousser ou faire annuler les poursuites, et qu'ils ne puissent pas ultérieurement venir attaquer le délaissement, comme fait en fraude de leurs

1. Des hypoth., III, nº 818.

droits. Néanmoins, aucun texte ne l'oblige à procéder ainsi; seulement il demeurerait toujours soumis au recours des créanciers, si ceux-ci parvenaient à établir qu'il avait des moyens fondés pour résister aux poursuites, et qu'il a négligé de les faire valoir.

37. Il nous reste à rechercher quels seraient les effets d'un délaissement fait par une personne privée de la faculté de délaisser, et, en en reconnaissant la nullité, à déterminer le caractère et l'étendue de cette nullité.

Si la personne qui a délaissé est du nombre de celles qui sont personnellement obligées à la dette, le créancier pourra s'opposer à ce que le tribunal donne acte du délaissement; mais s'il a négligé de le faire, soit qu'il s'en soit rapporté à prudence sur la demande du tiers-détenteur, soit qu'il ait lui-même poursuivi l'audience aux fins de se faire donner acte du délaissement, ou que simplement il ait requis la nomination d'un curateur à l'immeuble délaissé, il aura par là même renoncé sans retour à son droit de critiquer le délaissement, aussi bien qu'à son action personnelle contre le tiers-détenteur.

Si, au contraire, le délaissement a été fait par un détenteur qui n'avait pas capacité pour aliéner, le tribunal devra, soit d'office, soit sur la demande des parties intéressées, refuser d'en donner acte. Mais il pourra se faire que la qualité du délaissant n'ait pas été connue, et qu'elle ne soit révélée que plus tard. On distinguera alors : l'incapacité du délaissant provient-elle de ce qu'il n'était pas propriétaire, le véritable maître de la chose pourra en tout temps demander, tant contre le créancier et l'acquéreur que contre le délaissant, la nullité du délaissement et de toutes poursuites ultérieures; son action à cet égard suivra le sort de l'action en revendication dont elle dépend, et pourra être repoussée par toutes les exceptions ouvertes contre cette action principale; en un mot, tous les principes relatifs à la vente de la chose d'autrui recevront ici leur application. Mais si la nullité provient de ce que le détenteur, quoique propriétaire, n'avait pas la capacité d'aliéner, elle ne pourra être opposée que par lui, et la prescription de son action ne commencera à courir que du jour où il aura recouvré sa capacité.

ARTICLE II.

Des formes du délaissement.

SOMMAIRE.

38. Le délaissement se fait au greffe. Il en est donné acte par le tribunal.

38. Le délaissement se fait au greffe du tribunal civil de la situation des biens, au moyen d'une déclaration faite par le tiers-détenteur et signée de lui, de son avoué et du greffier (art. 2174, C. N.).

Il en est donné acte par le tribunal, sur la demande du créancier poursuivant, ou du délaissant lui-même. La loi n'a pas tracé la forme dans laquelle cette décision judiciaire devra être obtenue; on suivra donc ici les formalités ordinaires de la procédure. Le délaissant fera signifier au créancier l'acte de délaissement, avec assignation à comparaître devant le tribunal à la première audience utile, pour voir déclarer que le délaissement valable, qu'en conséquence il lui en soit donné acte, et qu'il sera fait défense au créancier de continuer les poursuites contre lui, sauf à lui à les diriger contre telle personne qui sera par le tribunal nommée curateur à l'immeuble délaissé. En réponse à cette assignation, et après avoir constitué avoué, le créancier défendeur fait signifier ses moyens, s'il en a à opposer à la demande; le demandeur répond, s'il y a lieu, par des conclusions signifiées; puis la partie la plus diligente poursuit l'audience sur un simple acte, et le tribunal statue, après avoir entendu les parties, en admettant ou en rejetant le délaissement, suivant qu'il a ou non été valablement fait.

Quant aux frais de l'instance, ils doivent être, en cas de contestation, supportés par la partie qui succombe (art. 130, C. pr. civ.); et, s'il n'y a pas eu de contestation, prélevés sur le prix d'adjudication de l'immeuble: on ne peut en effet les mettre à la charge ni du tiers-détenteur qui par le délaissement a satisfait à son obligation, ni du créancier qui, ne pouvant empêcher son débiteur de vendre l'immeuble hypothéqué à sa créance, se trouve ainsi, par la force même des choses, et sans faute de sa part, engagé dans cette procédure.

Le créancier pourrait aussi, dans le cas où il n'a pas d'intérêt à critiquer le délaissement, demander par simple requête qu'il lui en soit donné acte, et qu'il soit nommé un curateur à l'immeuble délaissé; la voie d'assignation serait alors inutile, car l'affaire est désormais sans intérêt pour le tiers-détenteur qui a délaissé,

ARTICLE III.

Des effets du délaissement.

SOMMAIRE.

39. Le délaissement n'est qu'une abdication de la possession.
40. Conséquences de ce principe. Le tiers-détenteur peut reprendre l'immeuble en payant la dette. Quelle est cette dette?
41. Autres conséquences.
42. Suite. Des hypothèques et autres droits réels ayant appartenu au tiers-détenteur sur l'immeuble délaissé.
43. Suite. *Quid juris*, si l'inscription prise au profit du délaissant s'est périmée pendant la détention qu'il a eue de l'immeuble?
44. Suite. Des hypothèques constituées par le tiers-détenteur. Du rang de ses créanciers personnels vis-à-vis de ceux des précédents propriétaires.
45. Suite. Des servitudes constituées par le tiers-détenteur.

39. Le délaissement par hypothèque n'est qu'une abdication de la possession; mais la propriété continue, jusqu'après l'adjudication publique de l'immeuble, à résider sur la tête du tiers-détenteur qui a fait le délaissement. Jusque là, en effet, nul ne peut se dire investi des droits qui lui compétaient; ces droits ne sont pas résolus au profit du précédent propriétaire même non payé; car il est demeuré étranger à la poursuite: et le créancier ne peut pas davantage se dire propriétaire de l'immeuble; il ne recherche pas cette propriété et les juges eux-mêmes ne pourraient, sous aucun prétexte, la lui adjuger.

40. Une première conséquence de ce principe est que le tiers-détenteur peut, jusqu'à l'adjudication, reprendre l'immeuble, en payant toute la dette et les frais (art. 2173, C. N.).

Mais de quelle dette a voulu parler la loi? Quel créancier le tiers-détenteur devra-t-il désintéresser? Suffira-t-il qu'il paie la créance du poursuivant, ou faudra-t-il qu'il satisfasse tous les créanciers inscrits sur l'immeuble? MM. Aubry et Rau[1] et Troplong[2] semblent incliner vers cette dernière opinion; nous ne saurions cependant l'adopter sans réserve, car elle repose, selon nous, sur une confusion évidente.

Pour maintenir le sentiment de nos adversaires dans les termes dans lesquels il est exprimé, il faudrait soutenir que les poursuites exercées par un seul créancier sont, depuis leur point de départ, communes à tous les créanciers inscrits: or, cette idée est formellement repoussée par le texte des art. 693 et 743, C. pr. civ. Après avoir dit que les créanciers inscrits seront, dans la huitaine du dépôt du cahier des charges sur lequel il a sera procédé à l'adjudication par expropriation forcée, sommés de prendre communication de ce cahier et d'assister à la lecture et publication qui en sera faite à l'audience, et que mention de cette notification sera faite en marge de la transcription de la saisie au bureau des hypothèques, le Code de la procédure civile ajoute, dans son art. 693 : «*Du jour de cette mention,* «la saisie ne pourra plus être rayée que du consentement des créanciers inscrits, ou en vertu de jugements rendus contre eux.» Et l'art. 743, qui autorise les parties intéressées à demander la conversion de la saisie immobilière, porte dans sa finale: «Seront regardés comme seuls intéressés, *avant la sommation aux* «*créanciers inscrits* prescrite par l'art. 692, le poursuivant «et le saisi, et, *après cette sommation,* ces derniers et tous «les créanciers inscrits.» Il résulte évidemment de ces dispositions que la poursuite ne devient commune aux

1. Tome 2, p. 210, § 287.
2. Des hypothèques, III, n° 826 *bis*.

créanciers non poursuivants que par la sommation prescrite par l'art. 692, C. pr, civ., et la mention de cette sommation en marge de la transcription de la saisie. Du jour où cette sommation a été faite, la partie saisie ne peut plus obtenir la cessation des poursuites qu'en désintéressant tous les créanciers inscrits; mais aussi, jusqu'à ce jour, il lui suffit, pour obtenir mainlevée de la saisie, de satisfaire le créancier poursuivant.

La nature des choses veut que les mêmes principes soient appliqués au tiers-détenteur; sa position doit, pendant l'expropriation, être assimilée à celle du débiteur principal poursuivi par voie de saisie immobilière; mais certes elle ne saurait être plus défavorable, et surtout il est impossible qu'on le soumette, même avant la saisie, à des dispositions rigoureuses qui pour le débiteur principal ne sont que le résultat d'une poursuite en expropriation déjà très-avancée. Nous étendrons donc au cas qui nous occupe les distinctions introduites par les art. 693 et 743 du Code de procédure civile. Tant que la sommation aux créanciers inscrits, prescrite par l'art. 692 de ce Code n'aura pas été signifiée et mentionnée en marge de la transcription de la saisie, le tiers-détenteur qui voudra reprendre son immeuble n'aura à satisfaire que le créancier poursuivant; mais, à dater du jour de cette mention, il devra désintéresser tous les créanciers inscrits.

41. Il résulte encore du principe exposé en tête de cet article :

1° Que, si le prix d'adjudication de l'immeuble est porté à une somme supérieure au montant cumulé de toutes les créances assises sur l'immeuble et des frais, l'excédant devra être versé entre les mains du tiers-détenteur, ou attribué à ses créanciers chirographaires;

2° Que la perte de l'immeuble survenue par cas

fortuit antérieurement à l'adjudication retombe sur l'acquéreur seul, qui n'a même en ce cas aucun recours en garantie contre son vendeur.

42. Le délaissement suivi de l'adjudication de l'immeuble a pour effet de résoudre définitivement le droit de propriété qui appartenait au tiers-détenteur sur cet immeuble au moment du délaissement, et de replacer les choses au même état que s'il n'en avait jamais été propriétaire. Ainsi tous les droits réels, servitudes, usufruit, hypothèques que le tiers-détenteur avait sur l'immeuble avant sa possession renaissent à son profit, comme si la consolidation ou la confusion ne les avaient jamais éteints (art. 2177, C. N.). Il en est de même des servitudes qui existaient au profit de l'immeuble sur un autre possédé par le même propriétaire [1].

43. Toutefois, que faudra-t-il décider, si l'inscription hypothécaire, prise au profit du créancier devenu acquéreur, s'est périmée pendant sa détention, et avant le délaissement fait par lui? Aura-t-il, par cette péremption, perdu son rang hypothécaire vis-à-vis du créancier poursuivant et des autres créanciers inscrits? Cette question ne saurait être longtemps douteuse, si l'on prend soin de considérer entre quelles personnes elle s'agite, et de se rappeler les principes suivant lesquels se détermine le rang des hypothèques. Deux créanciers (car le tiers-détenteur est redevenu créancier) sont en présence: or, entre les créanciers, l'hypothèque n'existe que par l'inscription (art. 2134, C. N.), et elle se perd par le défaut de renouvellement dans les dix ans (art. 2154, C. N.). Il résulte évidemment de cette règle que le délaissant ne pourra venir à l'ordre que s'il justifie de l'inscription de sa créance, et qu'il ne pourra primer que les créanciers inscrits après lui. De prime abord,

1. Merlin, Répert. v° Tiers-détenteur, § 14.

cette solution peut paraître rigoureuse; car il semble qu'elle soumette le délaissant à une déchéance dont sa qualité de tiers-détenteur ne lui avait pas permis de se garantir. Il faut cependant tenir pour certain que rien ne l'empêchait de renouveler son inscription, et que par suite il ne saurait invoquer en sa faveur la règle *contra non valentem agere non currit præscriptio* Si son droit hypothécaire renaît de plein droit, par le seul effet du délaissement, ou de l'adjudication faite sur lui, c'est qu'il n'avait pas été complétement et définitivement éteint, c'est que la créance même qui lui sert de base n'avait été qu'assoupie par la dation en paiement de l'immeuble grevé de son hypothèque. Et, en effet, la dation en paiement n'est libératoire qu'autant qu'elle transfère au créancier la propriété entière et incommutable de la chose qui en forme l'objet (art. 1238, C. N.). Or, du moment où l'immeuble abandonné au créancier était affecté à une seule hypothèque autre que la sienne, ce créancier demeurait toujours sous le coup d'une surenchère ou d'une poursuite en délaissement; dès lors il n'avait pas perdu sa créance, et, sous la seule condition que l'éviction dont il était menacé viendrait à se réaliser, son débiteur restait obligé envers lui, son immeuble continuait à être soumis à son hypothèque: cela est si vrai qu'après le délaissement ou la surenchère, les choses sont replacées au même état où elles étaient avant la dation en paiement. Il devait donc, et il pouvait, même pendant sa détention, renouveler son inscription contre son débiteur; son intérêt lui commandait cette mesure aussi longtemps qu'il avait à redouter les poursuites d'un autre créancier ayant privilége ou hypothèque. La loi lui offrait d'ailleurs, dans la purge, un moyen facile de prévenir toute espèce de poursuites; et il ne serait point juste qu'après avoir négligé de régulariser sa position, et même donné sujet aux autres créanciers de croire à l'extinction de son droit hypothécaire, il pût venir tout d'un coup revendiquer ce droit, et réclamer vis-à-vis d'eux un rang que nul ne pouvait ni lui reconnaître, ni lui supposer.

44. Quant aux hypothèques constituées par le tiers-détenteur, elles conservent tout leur effet; car le tiers-détenteur a été propriétaire et a donc pu valablement hypothéquer sa chose; aussi le Code dispose-t-il en termes exprès que «les créanciers personnels (du tiers-«détenteur), après tous ceux qui sont inscrits sur les «précédents propriétaires, exercent leur hypothèque à «leur rang, sur le bien délaissé ou adjugé» (art. 2177, C. Nap.).

Toutefois des doutes ont été élevés sur le rang qu'il convient d'assigner à ces créanciers vis-à-vis de ceux qui ont eu pour débiteur le précédent propriétaire. On s'est autorisé des termes même de notre article pour soutenir que les créanciers des précédents propriétaires doivent, dans tous les cas, primer ceux du délaissant, même si ces derniers sont inscrits avant eux; on a ajouté que l'opinion contraire rendrait illusoire le bienfait de l'art. 834 du Code de procédure civile, puisque, dit-on, «dans l'intervalle de la vente à la transcription, «l'acquéreur pourrait grever l'immeuble d'un nombre «d'inscriptions tel qu'il paralysât entièrement le droit «de suite que cet article accorde aux créanciers du «vendeur non inscrits au moment de l'aliénation»[1].

Nous répondrons que l'art. 2134 du Code Napoléon pose le principe général d'après lequel se détermine le rang des hypothèques, en décidant qu'elles ne prennent rang que du jour de l'inscription : la loi ne se préoccupe en aucune manière des dates respectives des titres de constitution d'hypothèque; elle ne dit nulle

1. M. Dalloz, Rép. v° Hypoth., ch. 2, sect. 6, art. 2, n° 12. M. Persil, Régime hypoth., art. 2177, n° 2.

part que les créanciers inscrits sur le vendeur seront, dans tous les cas, et quelle que soit la date de leurs inscriptions, préférés aux créanciers inscrits sur l'acquéreur; elle ne le dit pas, et elle ne pouvait pas le dire; car, dans le système du Code Napoléon, la vente purgeait les hypothèques non inscrites, et dès lors il était impossible que les créanciers du vendeur se trouvassent en conflit avec ceux de l'acquéreur. Ainsi, il arrivait toujours, comme le veut l'art. 2177, que les créanciers personnels du tiers-détenteur ne fussent colloqués qu'après tous les créanciers inscrits sur les précédents propriétaires; mais il est inexact de soutenir que cet article ait voulu créer pour le cas qui nous occupe une règle spéciale, car il ne faisait que confirmer le principe absolu posé dans l'art. 2134, et il n'existait nulle part dans nos lois de principe contraire auquel il eût pu avoir pour objet de déroger.

Maintenant est venu l'art. 834 du Code de procédure civile, qui a permis aux créanciers de prendre encore inscription dans la quinzaine de la transcription des actes d'aliénation consentis par leur débiteur, en laissant d'ailleurs sous l'empire de la règle posée par l'art. 2134 du Code Napoléon la détermination du rang des hypothèques entre elles. De ce moment seulement la question qui nous occupe a pu s'élever; mais il faut convenir qu'elle a pour point de départ une grave méprise sur la portée de l'art. 834, et que nos adversaires se sont laissés bien plutôt entraîner par la crainte de dangers chimériques, que décider par les principes qui dominent la matière. Ces principes, deux articles les résument: l'art. 834, C. pr. civ., qui fixe le délai dans lequel l'inscription peut être prise, et l'art. 2134, C. N., qui détermine le rang des hypothèques entre elles. Les créanciers du vendeur pourront donc encore prendre inscription dans le délai fixé par l'art. 834, mais leur rang ne sera déterminé, même vis-à-vis des créanciers de l'acquéreur, que par la date de leurs inscriptions. Si maintenant il arrive que ceux-ci se trouvent inscrits avant eux, ils porteront la peine de leur négligence; mais il est impossible que l'omission d'une formalité prescrite dans leur intérêt puisse se réparer tardivement, au préjudice de créanciers même postérieurs, mais qui ont été plus diligents.

48. Ce que nous avons dit des hypothèques consenties par le tiers-détenteur ou prises contre lui s'applique également aux servitudes réelles ou personnelles qu'il aura pu concéder. Elles subsisteront au moins au regard de la personne ou de l'immeuble au profit desquels elles ont été établies.

Mais, si la constitution de la servitude a causé un préjudice aux créanciers, ils pourront s'en faire indemniser par le constituant; car celui-ci, n'ayant sur l'immeuble qu'un domaine incomplet en quelque sorte, ne pouvait pas le déprécier au détriment des créanciers inscrits (arg., art. 2175, C. Nap.).

Nous pensons toutefois que ceux-ci n'auront jamais d'action contre le propriétaire de la servitude, à moins qu'ils n'établissent l'existence d'un concert frauduleux entre lui et le propriétaire de l'immeuble[1].

1. Contra M. Troplong, Des hypoth., III, n° 843 *bis*.

ARTICLE IV.

De la poursuite en cas de délaissement.

SOMMAIRE.

46. La poursuite est dirigée contre un curateur nommé à l'immeuble délaissé.

46. Lorsque le tiers-détenteur a fait le délaissement de l'immeuble recherché entre ses mains, il se trouve déchargé de toutes poursuites ultérieures.

Le créancier doit donc alors demander qu'il lui soit donné par le tribunal un contradicteur légitime en la personne d'un curateur à l'immeuble délaissé. Cette nomination peut être renfermée dans le jugement qui donne acte du délaissement.

Toute personne majeure et maîtresse de ses droits est capable des fonctions dont il s'agit.

C'est contre le curateur ainsi nommé que le créancier doit poursuivre la vente de l'immeuble dans les formes prescrites pour l'expropriation forcée; c'est à lui que doivent être notifiés tous les actes de la poursuite qui, dans les cas ordinaires, se dénoncent au débiteur saisi, et notamment le commandement prescrit par l'art. 673 du Code de procédure civile; le tiers-détenteur aussi bien que le débiteur principal demeurent complétement hors de cause.

Le curateur, étant réputé partie saisie, est responsable des fruits de l'immeuble et des détériorations qu'il peut avoir subies pendant la poursuite. Il n'est pas, à raison de cette responsabilité, astreint à fournir caution : il nous semble cependant que, si l'importance de l'affaire en faisait sentir la nécessité, le tribunal pourrait, sur la demande des parties intéressées, l'obliger à fournir certaines garanties.

SECTION II.

DU PAIEMENT.

SOMMAIRE.

47. De l'objet et des effets du paiement. Renvoi.

47. Nous savons déjà que le tiers-détenteur peut éviter le délaissement, en satisfaisant aux causes de l'hypothèque poursuivie contre lui, et nous avons étudié au titre premier tout ce qui concerne ce paiement, les sommes qu'il doit comprendre et les délais dans lesquels il doit être effectué.

Quant à ses effets, le paiement produit au profit du tiers-détenteur la subrogation légale dans tous les droits et actions qui résultaient au créancier de son hypothèque. Nous ferons voir ultérieurement comment ces droits s'exercent par lui tant contre le débiteur principal que contre les autres détenteurs d'immeubles hypothéqués à la même dette.

SECTION III.

DU CAS OÙ LE TIERS-DÉTENTEUR NE DÉLAISSE NI NE PAIE.

SOMMAIRE.

48. Si le tiers-détenteur ne remplit pas son obligation, le créancier peut faire vendre sur lui l'immeuble hypothéqué.
49. Du temps pendant lequel la sommation de délaisser conserve son effet.
50. Le commandement fait au débiteur principal n'est pas sujet à péremption, à l'égard du tiers-détenteur.
51. De l'éviction produite par l'expropriation forcée.

48. Si le créancier n'a pas été satisfait par le tiers-détenteur, soit au moyen du délaissement, soit au moyen du paiement, il a le droit de faire vendre sur lui l'immeuble hypothéqué (art. 2169, C. N.). Cette vente se

poursuit selon les formalités ordinaires de l'expropriation forcée. Rien n'est changé à ces formalités, si ce n'est que le commandement prescrit par l'art. 673 du Code de procédure civile est remplacé à l'égard du tiers-détenteur par la sommation de l'art. 2169 du Code Napoléon; la raison en est que celui-ci n'est pas débiteur personnel : il ne saurait donc lui être fait commandement de payer. Pour tout le reste, le tiers-détenteur soumis à l'expropriation forcée est dans la même position que le débiteur principal partie saisie. Notamment, la saisie immobilière ne peut être pratiquée sur lui avant l'expiration de trente jours, de la date de la sommation, ou de celle du commandement au débiteur principal, si cet acte est postérieur (art. 2169, C. N.).

49. Mais pendant combien de temps cette sommation conserve-t-elle son effet comme préliminaire indispensable de la poursuite en expropriation forcée? MM. Chauveau[1] et Bioche[2] enseignent que la saisie immobilière doit, à peine de nullité, être faite dans les quatre-vingt-dix jours de la sommation, ou du commandement, si c'est cet acte qui a été signifié en dernier lieu. Nous pensons, au contraire, que la sommation reste efficace pendant trois ans. En effet, l'art. 2176 du Code Napoléon porte : «Les fruits de l'immeuble hypothéqué ne «sont dus par le tiers-détenteur qu'à compter du jour «de la sommation de payer, et, *si les poursuites ont été «abandonnées pendant trois ans, à compter de la nouvelle som«mation qui sera faite.*» L'obligation imposée au tiers-détenteur de rendre les fruits n'est qu'une obligation accessoire, fondée sur l'éviction qu'il souffre; car il n'est pas possible qu'une fois mis en demeure de délaisser, il continue à faire les fruits siens, au préjudice

1. M. Chauveau sur Carré, sur l'art. 673, C. pr. civ., quest. 2198.
2. M. Bioche, Diction. de procéd. civ., v° Saisie immobil. n° 149.

d'un créancier qui a sur l'immeuble un droit antérieur et plus fort que le sien. Or, si cette obligation se soutient, malgré une interruption de poursuites pendant trois ans, c'est qu'évidemment l'obligation principale a dû aussi subsister; car on ne comprendrait pas que, l'éviction n'étant plus imminente, le tiers-détenteur fût cependant encore obligé de tenir compte des fruits de l'immeuble à un créancier qui ne pourrait plus l'en évincer.

Ce système peut paraître rigoureux, sans doute, surtout si l'on considère que le commandement fait au débiteur principal ne conserve son effet que pendant quatre-vingt-dix jours (art. 674, C. pr. civ.). Mais, enfin, il est contenu tout entier dans l'art. 2176 du Code Napoléon, et rien dans le Code de procédure civile n'indique que cet article ait été abrogé ou simplement modifié.

Il est d'ailleurs de règle générale que toute instance, tout acte de procédure ne se périme que par trois ans (art. 397, C. pr. civ.), à moins qu'une disposition spéciale de la loi n'ait introduit une péremption de moindre durée : à plus forte raison doit-il en être ainsi dans notre matière, à l'égard de laquelle les textes particuliers qui la régissent s'accordent parfaitement avec le principe général.

50. Mais la loi exige que l'expropriation forcée, poursuivie contre le tiers-détenteur, soit précédée d'une sommation faite à ce dernier et d'un commandement signifié au débiteur originaire; comment donc conciliera-t-on les dispositions des art. 2176 du Code Napoléon et 674 du Code de procédure civile, relatives à la péremption de ces actes?

M. Troplong [1], s'autorisant de plusieurs arrêts de la

1. Des hypoth., III, nº 790, note 2.

Cour de cassation et des Cours impériales[1], pense que le commandement ne se périme point, faute d'avoir été suivi dans les trois mois d'une saisie immobilière pratiquée sur le tiers-détenteur, et qu'ainsi la disposition de l'art. 674 du Code de procédure civile n'a point d'application à l'égard de celui-ci. Ce système nous semble parfaitement rationnel : dans la procédure dont il s'agit, le commandement n'est pas à proprement parler le point de départ de l'expropriation forcée; «il n'a pour objet que de mettre le débiteur en demeure de payer[2];» et par conséquent son effet ainsi limité doit subsister aussi longtemps que la créance qui lui sert de cause. L'expropriation a pour point de départ, non ce commandement fait à une personne étrangère aux poursuites, mais la sommation de délaisser faite au tiers-détenteur.

81. L'expropriation forcée produit une éviction aussi complète que le délaissement suivi de l'adjudication publique de l'immeuble. Elle fait donc renaître au profit du tiers-détenteur les hypothèques et les droits réels qui lui appartenaient, et elle donne ouverture à son action en garantie contre son vendeur (art. 2177 et 2178, C. N.).

1. Req. rej., 9 mars 1836, Dalloz, 37, 1, 110. Req. rej., 23 mars 1841 ; Dall., 41, 1, 175, Bordeaux, 23 avril 1831 ; Dall., 31, 2, 149, Bourges, 19 décembre 1834 ; Dall., 37, 1, 110.

2. Termes de l'arrêt de Bordeaux, du 23 avril 1831.

CHAPITRE III.

De l'effet de la poursuite, en ce qui concerne les fruits de l'immeuble, les détériorations qu'il peut avoir subies, et les impenses faites par le tiers-détenteur.

SOMMAIRE.

52. Le tiers-détenteur doit les fruits à compter de la sommation de délaisser, et pendant trois ans.
3. Ces fruits sont immobilisés.
Le tiers-détenteur répond des détériorations.
55. Il a droit de répéter ses impenses jusqu'à concurrence de la mieux-value qui en est résultée.
56. Quid, si cette mieux-value est supérieure au montant des impenses?
57. Des moyens donnés au tiers-détenteur pour obtenir la restitution de ses impenses. Il n'a pas de droit de rétention.
58. Il n'a pas de privilége.
59. Il n'a qu'une action personnelle contre les créanciers.

52. L'existence de l'hypothèque n'empêche pas que le tiers-détenteur ne soit propriétaire et possesseur de bonne foi, même à l'égard des créanciers inscrits. Il fait donc les fruits siens, dès l'instant de son acquisition. Mais sa position change, du moment où des poursuites hypothécaires sont dirigées contre lui ; dès lors, en effet, qu'il lui a été fait sommation de délaisser, sa bonne foi cesse, à cause de l'éviction dont il est menacé. Il devient donc, à compter du jour de cette sommation, responsable envers les créanciers de tous les fruits naturels, industriels ou civils produits par l'immeuble qu'il détient. Son obligation à cet égard dure aussi longtemps qu'il demeure en possession : dans le cas cependant où les poursuites ont été abandonnées pendant trois ans, il n'est tenu de la restitution des fruits,

après l'expiration de cette période triennale, qu'à dater du jour où les poursuites ont été reprises (art. 2176, C. N.).

53. Les fruits dus par le tiers-détenteur sont immobilisés, et obtiennent dans la procédure d'ordre qui suivra l'expropriation le même sort que le prix de l'immeuble qui les a produits. Cette conséquence est engendrée entre le créancier et le tiers-détenteur par le seul effet de la sommation; mais elle ne se produit à l'égard des tiers qui peuvent en être redevables envers le détenteur que du jour où les fruits ont été frappés d'opposition entre leurs mains (art. 685, C. pr. civ.).

54. Quoique propriétaire, le tiers-détenteur ne peut cependant faire aucun acte qui soit de nature à préjudicier aux droits des créanciers hypothécaires ou privilégiés : la seule inscription, et même la seule existence des hypothèques à l'égard de celles qui sont dispensées de cette formalité suffisent pour garantir sur ce point les droits des créanciers sur l'immeuble. Il en résulte que toute détérioration procédant du fait ou de la négligence du tiers-détenteur donne lieu contre lui à une action en indemnité; mais il est indispensable qu'il y ait de sa part un fait positif ou tout au moins une négligence qui lui soit imputable : les détériorations fortuites ou naturelles ne pourraient dans aucun cas être mises à sa charge.

Quant aux détériorations volontaires, on devrait considérer comme telles le défaut de réparation et d'entretien de l'immeuble urbain (art. 605, 1409, C. N.), le défaut de culture de l'immeuble rural, si ce défaut était de nature à détériorer le fonds, la démolition des constructions, la séparation d'avec l'immeuble des objets mobiliers qui y étaient attachés à perpétuelle demeure, au moment de la constitution de l'hypothèque (art. 522 et suiv., C. N.), la constitution sur l'immeuble d'une servitude réelle ou personnelle, les coupes de hautes futaies non aménagées, à moins que cette mesure ne fût nécessitée par l'intérêt même du sol forestier, les coupes de bois taillis faites en dehors de l'ordre déterminé par l'aménagement ou l'usage constant de la localité (art. 590, 591, 592, C. N.).

55. Des principes différents règlent la restitution des impenses faites par le tiers-détenteur; il n'a droit à en être indemnisé que jusqu'à concurrence de la mieux-value qui en est résultée au fonds; car c'est seulement dans cette limite qu'il a amélioré la position des créanciers.

Il n'y a pas lieu à distinguer, en général du moins, entre les impenses nécessaires, les impenses utiles et celles qui sont simplement voluptuaires, la seule condition à laquelle la loi en soumette la restitution étant celle de la mieux value. Toutefois, le tiers-détenteur doit jouir, à l'égard de celles-ci, du *jus tollendi*, si ce droit peut s'exercer sans dégradation du fonds; ainsi, s'il a fait poser des glaces dans les appartements, ou s'il a fait placer des statues dans des niches pratiquées exprès pour les recevoir, il pourra évidemment les faire enlever, à charge par lui de remettre les lieux dans leur ancien état; il aura de même la faculté de détacher du fonds les objets mobiliers qu'il y aura attachés, sans y être obligé, pour le service et l'exploitation de ce fonds.

Les impenses nécessaires devront aussi lui être restituées dans leur entier, si elles ont été faites depuis la sommation de l'art. 2169 du Code Napoléon; car depuis cet acte, les fruits de l'immeuble profitent exclusivement aux créanciers.

Dans aucun cas, la restitution due au tiers-détenteur ne peut être compensée avec les fruits qu'il a retirés de l'immeuble pendant sa possession; autrement, on arriverait indirectement à lui faire rendre compte de fruits dont il n'est pas responsable envers les créanciers.

56. Il peut arriver que la plus-value de l'immeuble reste au-dessous de l'importance des sommes déboursées par le tiers-détenteur, comme aussi il peut se faire qu'elle la dépasse. Le premier cas a été expressément prévu par la loi, qui ne permet au tiers-détenteur de répéter ses impenses que jusqu'à concurrence de l'amélioration; mais que faudra-t-il décider dans le second cas? Nous pensons que, dans cette hypothèse, le créancier ne pourra reprendre l'immeuble qu'en indemnisant le tiers-détenteur de toute la plus-value qu'il a procurée au fonds.

On a invoqué, à l'appui de l'opinion contraire, le texte de la *L. 38, Dig. De rei vindicat:* (6, 1) «*Reddat (dominus) impensam, ut fundum recipiat, usque eo duntaxat, quo pretiosior factus est*; ET SI PLUS PRETIO FUNDI ACCESSIT, SOLUM QUOD IMPENSUM EST.»

Il faut dire cependant que cette loi s'occupe de l'action en revendication dirigée par le véritable propriétaire contre un acheteur imprudent; or, la position du créancier hypothécaire n'est point la même que celle du maître de la chose. On comprend que le propriétaire rentrant dans sa propriété, la prenne dans l'état où il la trouve, avec toutes les améliorations qu'il a reçues, et sans tenir compte au possesseur évincé que de ses déboursés; de quoi, en effet, se plaindrait celui-ci, et n'a-t-il pas à s'imputer sa propre imprudence? Lorsqu'au contraire, un créancier agit contre un tiers-détenteur, véritable propriétaire, non point pour obtenir la possession de la chose, à laquelle il n'a aucun droit, mais pour en faire ordonner la vente, et pour être payé sur le prix, il ne saurait, en définitif, se faire attribuer l'excédant de la plus-value sur les impenses, sans augmenter son droit au détriment du véritable propriétaire. La plus-value est donc, dans tous les cas, la base de l'indemnité due au tiers-détenteur, et l'élément d'après lequel il convient d'en déterminer le chiffre; le créancier ne peut, en effet, réclamer que l'immeuble tel qu'il existait entre les mains du débiteur principal, au moment où l'hypothèque a pris naissance; il s'enrichirait au préjudice du tiers-détenteur, s'il ne lui tenait compte de toutes les améliorations qu'il a procurées à cet immeuble.

57. Il nous reste à rechercher par quels moyens la loi assure au tiers-détenteur la restitution de ses impenses. Les auteurs sont loin d'être d'accord sur cette question. Les uns veulent que le tiers-détenteur jouisse, par argument des art. 2102, n° 3, et 2103, n° 4, d'un privilége analogue à celui qu'établissent ces articles [1]. Les autres lui refusent tout privilége, mais par contre ils lui accordent le droit de retenir la possession de l'immeuble jusqu'après le remboursement intégral de ses impenses et améliorations [2]. D'autres, enfin, lui dénient à la fois le privilége et le droit de rétention, et ne lui attribuent contre les créanciers qu'une action personnelle fondée sur la *versio in rem*, qui s'est opérée à leur profit [3]. Cette dernière opinion nous paraît seule conforme au texte et à l'esprit de la loi.

La loi romaine autorisait, sans doute, le tiers-détenteur à se faire payer avant tout le montant de ses impenses, et à n'abandonner la possession de l'immeuble qu'après avoir été entièrement satisfait de ses prétentions à cet égard [4]. Ce système était parfaitement ra-

1. M. Grenier, Des hypoth., II, n° 336. M. Troplong, Des hyp., III, n° 836.

2. M. Tarrible, Répertoire, v° Privilége, section IV, n° 5. M. Battur Des hypoth., III, n°s 491 et 507.

3. MM. Aubry et Rau, II, p. 210.

4. L. 29, § 2, De pignor. et hypothec. (20, 1).

tionnel dans une législation d'après laquelle l'action hypothécaire du créancier avait pour objet d'obtenir la possession de l'immeuble hypothéqué, et par suite le droit de le vendre de gré à gré, sans formalités de justice, sans publicité, et même sans le concours des autres créanciers, ni du propriétaire. Mais il ne faut pas perdre de vue que les conclusions de l'action sont toutes différentes dans le Droit français. Nous avons établi, en effet, que l'hypothèque ne permet plus aux créanciers de se faire attribuer la détention corporelle de l'immeuble hypothéqué, mais seulement de le faire vendre publiquement, dans les formes tracées par la loi, pour être ensuite payé sur le prix d'après son rang hypothécaire. Nous avons fait voir également que le droit de poursuivre appartient indistinctement à tout créancier, quelle que soit la date de son titre et de son inscription. Or, l'exercice du droit de rétention aurait pour effet immédiat d'arrêter les poursuites du créancier, en frappant d'inefficacité, soit la sommation faite en vertu de l'art. 2169 du Code Napoléon, soit le délaissement régulièrement effectué, soit enfin le jugement d'adjudication lui-même, dans la disposition par laquelle il condamne la partie saisie au déguerpissement. Aucun texte de loi n'accorde au tiers-détenteur une pareille exception, et ne l'autorise à paralyser ainsi l'action du créancier ou le droit de propriété de l'adjudicataire.

Mais, dit-on, le tiers-détenteur peut être considéré comme le vrai propriétaire des ouvrages ou améliorations qu'il a faits. Eh! oui, il en est le propriétaire; mais il l'est, moins pour avoir fait ces ouvrages ou améliorations, que pour les avoir incorporés à l'immeuble dont la propriété résidait déjà sur sa tête; ces ouvrages ne deviennent point, à cet égard, l'objet d'une propriété distincte et séparée; mais ils ne sont soumis à son droit de domaine que comme accessoires de ce même immeuble (art. 552, C. Nap.). D'un autre côté, l'hypothèque acquise au créancier s'étend à toutes les améliorations survenues à l'immeuble hypothéqué (art. 2133, C. Nap.) Le délaissement et la vente doivent donc avoir pour objet l'intégralité de l'immeuble avec toutes les améliorations qui peuvent s'y être jointes. Le tiers-détenteur ne pourra pas fonder sur ses impenses une exception tendant à repousser ou à suspendre les poursuites ; il devra se borner à en réclamer le paiement ; l'art. 2175 du Code Napoléon ne lui donne que le droit de les *répéter* : cette expression indique clairement l'idée d'une créance, et exclut celle d'un droit réel, préférable aux hypothèques.

58. Nous allons plus loin, et nous disons, que cette créance n'est pas privilégiée. Ici l'on nous oppose et l'ancienne jurisprudence, et l'esprit de la loi moderne, et le caractère de la plus-value. Nous pourrions répondre en deux mots, qu'il s'agit d'une question de privilége, et que toutes les difficultés relatives à cette matière doivent être décidées, d'après les principes de l'interprétation restrictive, qu'un privilége ne peut être fondé que sur un texte formel de la loi, et non sur des analogies, quelque frappantes qu'elles puissent paraître.

On soutient que la préférence trouve sa base dans l'équité naturelle, qu'elle est inhérente à la plus-value dont le tiers-détenteur est en quelque sorte le véritable propriétaire. Nous avons déjà indiqué le caractère de cette propriété ; si, dans la poursuite réelle, elle ne peut être séparée de la propriété de l'immeuble, de telle sorte qu'elle n'empêche pas le délaissement, la saisie, l'adjudication des ouvrages faits par le tiers-détenteur, il est également impossible de séparer, dans l'ordre, le prix en deux portions, dont l'une, représentant la valeur de l'immeuble, reviendrait à tous les créanciers, et dont l'autre, représentant la mieux-value, serait attribuée par priorité au tiers-détenteur.

Dira-t-on que celui-ci a conservé l'immeuble dans l'intérêt de tous les créanciers, et qu'ainsi il mérite la même faveur que celui qui a fait des frais pour la conservation d'une chose mobiliaire. Mais tout d'abord, c'est là un privilége sur un meuble; les propriétés immobilières sont régies par des principes tout différents. Le privilége appartient d'ailleurs à celui qui a fait des frais pour la *conservation* de la chose; or, il ne suffit pas que le tiers-détenteur ait conservé l'immeuble; il faut encore qu'il l'ait amélioré.

L'art. 2103, n° 4, s'occupe des garanties qu'il convient de donner à ceux qui ont créé, conservé ou amélioré des ouvrages quelconques de nature immobilière : un droit de préférence leur est accordé sur ces ouvrages jusqu'à concurrence de leur valeur ou de la plus-value qu'ils ont procurée au fond. Mais des formalités sérieuses et compliquées sont imposées par la loi aux architectes, entrepreneurs, etc., à l'effet de faire constater l'importance des sommes dont ils peuvent être créanciers.

M. Grenier et après lui M. Troplong pensent que le tiers-détenteur, tout en jouissant d'un privilége analogue, doit être dispensé cependant des formalités destinées à en assurer l'existence, et à prévenir les fraudes qu'il pourrait couvrir. D'après ces auteurs, il suffira que le tiers-détenteur ait fait faire un état des lieux, avant d'entreprendre des constructions ou des réparations, qu'il ait fait dresser des états estimatifs et retiré des quittances des ouvriers. Il sera utile, sans doute, qu'il ait pris ces précautions; les documents qu'il produira pourront être d'un grand secours pour la fixation de l'indemnité à laquelle il a droit; mais ces documents, dépourvus de toute authenticité, émanés la plupart du temps du tiers-détenteur lui-même, ou d'ouvriers à ses gages, constitueraient tout au plus des éléments de preuve, et ne sauraient tenir lieu des actes sérieux et solennels exigés par l'art. 2103, nº 4, C. N. Si donc on veut accorder au tiers-détenteur le privilége des architectes et ouvriers, il faut nécessairement le soumettre aux mêmes conditions que ces personnes. Mais il nous semble qu'un propriétaire, faisant faire sur son fonds des constructions ou des réparations, ne saurait être assimilé à un architecte ou à un maçon qui se livrent sur le fonds d'autrui à des travaux de leur état, alors même que, par le fait de l'éviction qu'il subit, il se trouverait avoir fait ces impenses moins dans son intérêt que dans celui des créanciers hypothécaires.

Quoiqu'il en soit, le tiers-détenteur aura toujours la ressource de faire remplir par les ouvriers qu'il emploiera, les formalités nécessaires pour l'acquisition de leur privilége, et de se faire subroger dans leurs droits en leur payant le prix de leurs travaux. La révocabilité de son droit de domaine rendra cette subrogation parfaitement admissible, malgré l'obstacle apparent que sa qualité de propriétaire semblerait de prime abord devoir lui opposer : elle produira son entier effet, dans tous les cas où le tiers-détenteur viendra à être évincé de la possession de son immeuble sur la poursuite d'un créancier hypothécaire ou privilégié.

59. Mais, en son nom personnel, le tiers-détenteur ne pourra agir que par une action *in personam*, contre les créanciers dont ses impenses ont amélioré le gage commun. La *versio in rem*, accomplie à leur profit, formera la base, et déterminera la nature de sa réclamation : le montant en sera fixé, de gré à gré, ou à dire d'experts, d'après les règles exposées aux nºˢ 55 et 56, et réparti entre les créanciers, suivant l'importance de la créance de chacun.

Le tiers-détenteur pourra aussi demander que l'adjudicataire soit, par une clause spéciale du cahier des charges de l'adjudication, chargé de lui payer, en déduction ou en sus de son prix, le montant des impenses, à la restitution desquelles il a droit.

TITRE III.

Des moyens donnés au tiers-détenteur pour éviter ou repousser les poursuites.

SOMMAIRE.

60. Division du titre.

60. Le tiers-détenteur peut éviter les poursuites en purgeant sa propriété des hypothèques inscrites ou non inscrites dont elle est grevée.

Il peut aussi les repousser :

1° Par l'exception de discussion;

2° Par l'exception de garantie;

3° Par l'exception *cedendarum actionum*.

L'étude de ces différents moyens de droit formera l'objet des quatre chapitres dans lesquels nous diviserons ce titre.

CHAPITRE PREMIER.

De la purge des hypothèques.

SOMMAIRE.

61. Notion de la purge.
62. Du délai dans lequel elle doit être effectuée.
63. De l'étendue de la déchéance de la faculté de purger encourue par le tiers-détenteur.
64. Suite.

61. La purge est un bénéfice accordé par la loi au tiers-acquéreur, en vertu duquel il peut, moyennant

l'accomplissement de certaines formalités, affranchir sa propriété des priviléges et des hypothèques légales, conventionnelles ou judiciaires qui la grèvent du chef du vendeur ou des précédents propriétaires. Ces formalités sont détaillées aux chapitres VIII et IX du titre des *Priviléges et Hypothèques;* elles varient, suivant que les hypothèques qu'il s'agit d'éteindre sont inscrites, ou qu'elles ne le sont pas, alors d'ailleurs que la loi les dispense de l'inscription. Au premier cas, l'acquéreur fait notifier son contrat aux créanciers inscrits, en offrant d'acquitter sur-le-champ, mais jusqu'à concurrence seulement de son prix, toutes les dettes et charges hypothécaires, exigibles ou non exigibles (art. 2183, 2184, C. N.) : si les créanciers admettent comme suffisant le prix porté au contrat, le paiement s'en fait entre leurs mains d'après l'ordre de leurs inscriptions, et il a pour effet de dégrever l'immeuble de toutes les hypothèques payées ou non payées ; si, au contraire, le prix stipulé leur paraît insuffisant, la loi leur accorde la faculté de requérir la mise aux enchères de l'immeuble, en se soumettant de porter ou faire porter le prix à un dixième en sus de celui qui leur a été déclaré (art. 2185, 2186, C. N.).

Au second cas, l'acquéreur fait publier son contrat par le dépôt qui en est fait au greffe du tribunal civil, et la notification de ce dépôt tant aux créanciers ayant hypothèque légale, qu'au procureur impérial, par des affiches apposées dans l'auditoire du tribunal, et des insertions dans les journaux, le tout à l'effet de provoquer l'inscription des hypothèques : si cette inscription n'est pas requise dans les deux mois de l'exposition du contrat, l'immeuble passe entre les mains de l'acquéreur sans aucune charge à raison des créances garanties par les hypothèques légales; si, au contraire, les créanciers intéressés ont pris inscription, il est procédé à leur égard suivant les formes tracées pour la purge des hypothèques inscrites (art. 2194, 2195, C. N.).

62. Nous avons indiqué plus haut que la sommation de délaisser ou de payer, faite au tiers-détenteur, doit lui accorder un délai de trente jours, et que l'expropriation forcée ne peut être poursuivie contre lui que s'il laisse expirer ce laps de temps sans remplir son obligation. La purge est entièrement facultative pour le tiers-détenteur; il ne peut donc lui être fait sommation de purger; mais, s'il entend user du droit que la loi lui réserve, et qu'il ne l'ait pas fait antérieurement aux poursuites dirigées contre lui, il lui est accordé à cet effet un délai de trente jours à dater de la sommation. A la vérité, l'art. 2169, C. N., semble ici en opposition avec l'art. 2183, qui accorde au tiers-détenteur un délai d'un mois; mais il nous paraît que ces deux articles ont été inspirés par la même pensée, et qu'en rédigeant le second, le législateur n'a pu que s'en référer au premier. Cette opinion est d'autant plus probable que l'art. 2169 a eu spécialement pour objet de déterminer la position du tiers-détenteur vis-à-vis des créanciers, et qu'elle introduit dans les délais une uniformité bien désirable, que l'application littérale des termes de l'art. 2183 rendrait impossible.

Quant à la purge des hypothèques légales, le législateur n'a pas pris soin d'indiquer le laps de temps dans lequel elle doit être commencée; l'acquéreur sera donc libre de la faire quand bon lui semblera; toutefois, s'il était recherché par un créancier ayant hypothèque légale, la purge serait sans objet, au moins en ce qui concerne ce créancier; car il aurait par ses poursuites rempli d'avance le but que l'acquéreur se proposait d'atteindre par l'exposition de son contrat. Il retomberait ainsi dans la classe des créanciers inscrits, et le tiers-détenteur se trouverait *hic et nunc* autorisé à lui faire les notifications et les offres prescrites par les art. 2183 et 2184 du Code Napoléon.

63. Notre intention n'étant que de faire connaître les effets de la purge en ce qui concerne les poursuites hypothécaires, il nous suffira d'avoir indiqué sommairement les formalités de cette procédure, et le délai dans lequel elle doit être commencée. Si le tiers-détenteur a négligé de remplir ces formalités dans le délai prescrit, l'hypothèque demeure irrévocablement assise sur sa propriété. Mais, s'il s'est ainsi laissé décheoir de la faculté de purger, quels sont les effets et l'étendue de cette déchéance? M. Grenier[1] et, d'après lui, M. Troplong[2], enseignent que, déchu sur les poursuites de l'un de ses créanciers, il l'est par là même à l'égard de tous. Cette opinion nous semble difficile à soutenir; mais nous devons reconnaître que les auteurs que nous avons cités n'ont pas attribué à cette difficulté toute son importance, et qu'ils ne s'en sont occupés pour ainsi dire qu'accessoirement à une autre question, celle de savoir comment un second créancier devait procéder en cas d'abandon des poursuites commencées par un autre créancier. M. Grenier s'est pour ainsi dire borné à énoncer sa solution, en la posant comme la réciproque d'un autre principe qu'il a également supposé établi, à savoir que la faculté de purger, conservée par l'acquéreur à l'égard d'un de ses créanciers, l'est à l'égard de tous indistinctement. En reproduisant cette doctrine, M. Troplong a essayé de la corroborer au moyen d'un argument par analogie de l'art. 2190 du Code Napoléon.

L'art. 2190 du Code Napoléon a trait à la réquisition de mise aux enchères faite par un créancier à la suite de la notification qui lui a été faite en vertu de

1. Des hypoth., II, n° 342.
2. Des hypoth., III, n° 795 *bis*.

l'art. 2183 du même Code; il dispose que «le désistement du créancier requérant la mise aux enchères ne «peut, même quand le créancier paierait le montant «de la soumission, empêcher l'adjudication publique, «si ce n'est du consentement exprès de tous les autres «créanciers hypothécaires.» Qu'on ne le perde pas de vue: il s'agit ici d'une procédure toute spéciale, et que sa nature même rend commune à tous les créanciers inscrits: tous étant touchés de la notification du contrat, il est évident que la réquisition de mise aux enchères doit profiter à tous indistinctement; car l'on ne comprendrait pas que le prix fût fixé à l'égard des uns par le contrat, et à l'égard des autres par la surenchère, ni que par ce moyen un créancier empressé pût se créer un privilége au détriment d'autres créanciers. La surenchère profite donc nécessairement à tous, d'autant plus que la procédure qui en est la suite est essentiellement publique, et qu'elle arrête immédiatement toutes poursuites que d'autres créanciers pourraient entamer aux mêmes fins. Il en résulte que le créancier qui a surenchéri ayant fait non-seulement sa propre affaire, mais encore celle de tous les autres, ne peut plus rester le maître d'empêcher, de sa propre autorité, et sans le concours de toutes les parties intéressées, l'adjudication publique de l'immeuble surenchéri. Mais, en règle générale, lorsqu'un créancier a commencé des poursuites par les voies judiciaires ou extrajudiciaires, tous les actes faits par lui demeurent étrangers aux autres créanciers, et ne peuvent tourner ni à leur profit, ni à leur détriment, à moins qu'une disposition spéciale de la loi n'en ait autrement ordonné. Or, il existe bien dans l'art. 2190 du Code Napoléon un texte spécial qui déclare la surenchère commune à tous les créanciers inscrits; mais entre l'hypothèse de cet article et celle qui nous occupe, il n'y a pas la moindre analogie; et, de plus, il n'est dit et il ne pouvait être dit nulle part qu'une simple sommation faite par un créancier à un tiers-détenteur, et qu'aucune formalité légale n'était destinée à porter à la connaissance des autres créanciers, dût avoir quelque effet à l'égard de ceux-ci.

64. A la vérité, l'acquéreur qui veut purger les hypothèques doit notifier son contrat à tous les créanciers inscrits, avec le tableau contenant le résumé exact de toutes les inscriptions existantes sur l'immeuble. Mais, si un créancier a été omis, le défaut de notification ne peut être opposé que par lui seul, et «les notifications «faites aux autres créanciers devraient toujours avoir «leur effet à l'égard de ces créanciers.[1]» Ainsi, le créancier omis demeurera dans la plénitude de ses droits hypothécaires, tandis que les autres créanciers verront leurs hypothèques s'évanouir par suite de la purge valablement faite en ce qui les concerne; ou, en d'autres termes, la faculté de purger aura été perdue au regard d'un créancier et conservée vis-à-vis de tous les autres. On peut donc, de l'aveu même de nos adversaires, séparer l'intérêt des divers créanciers, et cette thèse qu'ils semblaient devoir combattre pour mieux fonder leur doctrine, ce sont eux précisément qui ont pris soin de l'établir. Encore faut-il reconnaître que, dans la notification de l'art. 2183, chaque créancier est intéressé à ce que le tableau des hypothèques et des inscriptions soit dressé avec la plus grande exactitude; car c'est d'après les indications de ce tableau qu'il règlera sa conduite, et qu'il se décidera soit à réquerir la mise aux enchères de l'immeuble, soit à admettre comme suffisant le prix porté au contrat. Mais, lorsqu'il ne s'agit que de la simple sommation de payer ou de délaisser signifiée au tiers-détenteur, cet acte ne concerne, en

1. M. Grenier, Des hypoth., t. II, n° 440. M. Troplong, Des hypoth., IV, n° 920.

définitive, que celui-ci et le créancier qui le lui a fait signifier; les autres créanciers n'ont ni qualité ni intérêt pour s'en prévaloir, ou pour s'en plaindre; car leur position n'a pu en recevoir aucun changement. Si donc le tiers-détenteur s'est laissé décheoir de la faculté de purger, cette déchéance ne profitera qu'au seul créancier sur les poursuites de qui elle aura été encourue; l'hypothèque de ce créancier demeurera irrévocablement assise sur l'immeuble, mais rien n'empêchera que, sur des poursuites ultérieures d'autres créanciers, le tiers-détenteur ne remplisse à leur égard les formalités nécessaires pour purger sa propriété des hypothèques existantes à leur profit.

CHAPITRE II.

De l'exception de discussion.

SOMMAIRE.

65. Nature et fondement de l'exception de discussion.
66. Des détenteurs qui peuvent l'opposer.
67. Des créanciers auxquels elle peut être opposée.
68. Il faut qu'il existe entre les mains du principal obligé d'autres immeubles hypothéqués à la même dette.
69. Quand l'exception doit être proposée. Formes de la discussion.
70. Effets de la discussion.

65. L'exception de discussion a pour objet de renvoyer le créancier à discuter au préalable les immeubles hypothéqués à sa créance et qui sont demeurés en la possession du débiteur principal ou de ses cautions. Elle se fonde sur cette idée éminemment équitable que le tiers-détenteur, obligé seulement à cause de la chose, ne doit être inquiété qu'après qu'il a été constaté que les principaux obligés se trouvent hors d'état de remplir leurs engagements.

66. Cette exception est, aussi bien que le délaissement, soumise à la condition que le détenteur poursuivi ne soit pas personnellement obligé à la dette; demander la discussion serait en effet se soustraire à son engagement personnel. La question de savoir quand le détenteur est obligé sur sa personne a été étudiée avec développement sous la rubrique *Des personnes qui peuvent délaisser*[1]; il est donc inutile d'y revenir. Nous ajouterons seulement que l'on doit exiger de la part du tiers-détenteur un engagement principal; si, par exemple, il ne s'était obligé que comme caution du débiteur, il continuerait de jouir du bénéfice de discussion, à moins qu'il n'y ait expressément renoncé ou qu'il se fût porté caution solidaire (art. 2021, C. N.).

67. Une seconde condition est que l'immeuble recherché entre les mains du tiers-détenteur ne soit pas affecté par privilége ou hypothèque spéciale au créancier poursuivant. L'exception ne peut donc être opposée qu'au créancier agissant en vertu d'une hypothèque générale, soit légale, soit judiciaire.

Mais pourra-t-on demander la discussion contre le créancier auquel il a été donné par la convention, pour le cas d'insuffisance des biens présentement hypothéqués, hypothèque sur les biens que le débiteur acquerra par la suite (art. 2130, C. N.)? Nous ne le pensons pas; car l'hypothèque dont il s'agit n'est point générale sur tous les immeubles futurs du débiteur, mais spéciale sur chacun de ces immeubles, au fur et à mesure des acquisitions, et à la charge de l'inscription à prendre par le créancier.

Quant aux priviléges, la loi ne distingue pas entre les priviléges généraux et les priviléges spéciaux; sa disposition qui exclut la discussion s'applique à la fois aux uns et aux autres.

1. Supra, nos 27-33.

68. Il faut enfin qu'il existe en la possession du principal ou des principaux obligés d'autres immeubles hypothéqués à la dette du créancier poursuivant (art. 2170, C. N.). Il ne suffirait donc pas que le tiers-détenteur fournisse, soit en faisant reconnaître le crédit dont il jouit, soit en discutant son mobilier, la preuve de la solvabilité du débiteur : il ne suffirait même pas que celui-ci possède d'autres immeubles, quelque considérable que pût en être la valeur, si ces immeubles n'étaient pas hypothéqués au profit du poursuivant.

Mais, du moment où il existe entre les mains du principal obligé des immeubles hypothéqués à la dette, le créancier ne peut en refuser la discussion, alors même que la valeur en paraîtrait insuffisante pour le couvrir de ses prétentions.

69. L'exception de discussion doit être opposée sur les premières poursuites; elle n'est donc plus recevable, lorsque le tiers-détenteur a délaissé l'immeuble ou payé la dette.

Quant à sa forme et à son exercice, elle est soumise aux mêmes règles que le bénéfice de discussion accordé à la caution non-solidaire. Elle ne peut donc être ordonnée que sur la demande du tiers-détenteur, et cette demande se forme, dans la pratique, au moyen d'une opposition aux poursuites, signifiée au créancier et déférée à la connaissance du tribunal civil. Le tiers-détenteur doit indiquer au créancier les immeubles existant en la possession du débiteur principal ou de ses cautions, et justifier, s'il en est requis, que ces immeubles sont hypothéqués à la dette qui sert de cause aux poursuites. Il ne peut toutefois indiquer ni des biens litigieux, ni même des immeubles situés hors de l'arrondissement de la Cour impériale du lieu où le paiement doit être fait (art. 2023, C. N.).

Nous ne pensons pas cependant que le tiers-détenteur soit, comme la caution, obligé d'avancer les deniers suffisants pour faire la discussion. La raison en est, selon nous, dans la différence profonde qui existe entre la position de l'un et celle de l'autre. Quoiqu'elle ne soit tenue qu'à défaut du débiteur, la caution n'en est pas moins obligée avec lui et responsable de sa solvabilité actuelle et future : il est donc naturel que la discussion proposée par elle se fasse à ses risques et périls; il est surtout important que la caution soit intéressée à cette procédure et empêchée ainsi de se rendre insolvable dans l'intervalle. Le tiers-détenteur, au contraire, n'est tenu d'aucune obligation, et son insolvabilité n'est point à redouter; car ce n'est pas lui que le créancier poursuit, mais bien l'immeuble hypothéqué dont il a la possession. Il serait donc à la fois inutile et injuste de le soumettre à la nécessité de débourser les frais considérables que pourra occasionner la discussion du débiteur principal.

70. L'exception de discussion a pour effet immédiat de suspendre les poursuites commencées par le tiers-détenteur : le tribunal qui en est saisi doit donc ordonner qu'il sera sursis à ces poursuites jusqu'après la discussion des immeubles hypothéqués à la dette existant en la possession du principal obligé. La discussion faite, le résultat auquel elle aura abouti déterminera le sort ultérieur des poursuites, en ce sens que ces poursuites seront définitivement annulées si, par suite de la discussion, le créancier a obtenu le paiement intégral de sa créance, et qu'elles seront reprises, au cas contraire, au point où elles en sont restées, pour toutes les sommes qui seront demeurées en souffrance.

Le créancier est, d'ailleurs, jusqu'à concurrence des biens indiqués par le tiers-détenteur, responsable envers lui de l'insolvabilité du débiteur principal survenue par le défaut de poursuites (art. 2024, C. N.).

Le tiers-détenteur sera donc autorisé à repousser l'action du créancier, en établissant que sans sa négligence les immeubles discutés auraient été portés à un prix suffisant pour le désintéresser ; tout au moins pourra-t-il demander que sa créance soit, à raison de cette circonstance et vis-à-vis de lui seulement, diminuée de toute la somme dont les immeubles ont été dépréciés. L'importance de cette moins-value se déterminera à dire d'experts, d'après la valeur des immeubles à l'époque où la discussion a été proposée, et à celle où elle a réellement eu lieu.

CHAPITRE III.

De l'exception de garantie.

SOMMAIRE.

71. Notion et effets de l'exception de garantie.
72. Du cas où le créancier poursuivant, sans être personnellement obligé, possède des immeubles hypothéqués à cette garantie.
73. Du recours du tiers-détenteur contre son vendeur ou contre le débiteur principal.

71. Il peut arriver que le créancier hypothécaire se trouve personnellement obligé à garantir au tiers-détenteur la libre possession de son immeuble : Par exemple, il peut se faire que, postérieurement à l'acquisition de sa créance, il soit devenu l'héritier du vendeur, ou bien encore, si l'on veut, qu'il fût l'auteur du vendeur, et qu'à l'époque de l'aliénation qu'il en a consentie, l'immeuble fût hypothéqué de son chef. Au premier cas, l'obligation de garantie imposée à son auteur a passé sur sa tête dès l'instant où il a été saisi de l'hérédité ; au second cas, il peut être recherché, à raison de la même obligation, soit par le recours en arrière garanti de son successeur immédiat, soit, *omisso medio*, par le possesseur actuel. Mais son obligation ne le prive ni de la créance et de l'hypothèque consenties à son profit par le vendeur, dans le premier cas, ni du privilége que, dans le second cas, il devait acquérir sur l'immeuble en sa qualité de vendeur. Seulement, on appliquera ici la règle *quem de evictione tenet actio eumdem agentem repellit exceptio*; le tiers-détenteur repoussera péremptoirement les poursuites du créancier, en excipant de la garantie à laquelle il est obligé.

72. Après avoir exposé, ainsi que nous venons de le faire, le fondement et la nature de l'exception de garantie, Pothier se place dans une hypothèse différente : il suppose que le créancier, sans être personnellement tenu à la garantie, possède d'autres héritages hypothéqués à cette garantie, et il décide qu'il pourra, comme possédant ces héritages, être exclu de l'action hypothécaire; «mais avec cette différence, ajoute-t-il, que le «créancier qui est personnellement tenu à la garantie «est absolument exclu de l'action hypothécaire; au lieu «que celui qui possède seulement des héritages affectés «à cette garantie n'est exclu de son action hypothécaire «qu'autant qu'il veut retenir ces héritages, et il peut, «en les abandonnant, suivre l'action hypothécaire [1].» Cette solution se justifie d'elle-même; car l'exception n'étant point ici fondée sur une obligation personnelle du créancier auquel on l'oppose, mais seulement sur la détention qu'il a des immeubles hypothéqués à la garantie, il devient évident qu'elle participe de la nature réelle de l'action hypothécaire; il ne peut donc y être conclu qu'au délaissement; or, en délaissant, le créancier satisfait à l'objet de l'exception, et fait évanouir l'obstacle élevé contre son action. Mais, si l'exception dont nous venons de parler était parfaitement

1. Pothier, Orléans, t. XX, n° 41.

possible dans l'ancienne jurisprudence, où l'hypothèque se poursuivait par voie d'action, il faut reconnaître qu'elle ne se conçoit plus dans notre droit moderne, suivant lequel le créancier peut et doit toujours agir par voie d'exécution. Le tiers-détenteur ne pourrait donc plus aujourd'hui, dans l'hypothèse qui nous occupe, demander la nullité des poursuites; il serait seulement en droit d'exercer, de son côté, contre le créancier qui le recherche, une autre poursuite hypothécaire, principale et directe, dont l'effet serait, sinon en droit, du moins en fait, de paralyser l'action de ce créancier.

73. Il ne faut point confondre l'exception de garantie dont il a été question dans ce chapitre avec le recours ouvert au tiers-détenteur contre son vendeur ou contre le débiteur principal (art. 2178, C. N.). Ce recours se fonde, à l'égard du premier, sur l'éviction qui résulte au tiers-détenteur du délaissement, ou de l'adjudication faite sur lui, ou dont il est simplement menacé par la poursuite hypothécaire; à l'égard du second, sur la gestion d'affaires entreprise par le détenteur qui a désintéressé, sans y être tenu, le créancier poursuivant. A proprement parler, il s'agit ici de deux recours distincts, aussi exclusifs l'un de l'autre que les causes qui leur servent respectivement de base, et ouverts, en droit, contre deux personnes distinctes, bien qu'en fait les qualités de vendeur et de débiteur principal se trouvent le plus souvent réunies dans la même personne. Les conclusions que doit prendre le tiers-détenteur, suivant qu'il agit par l'un ou par l'autre moyen, sont déterminées, d'une part, par les art. 1630 et suiv., et d'autre part, par l'art. 1375, C. N. Il faut encore noter que la garantie due par le vendeur peut être réclamée soit par une action principale, soit par une action incidente à la poursuite hypothécaire. Maître de choisir

entre ces deux voies, le tiers-détenteur fera sagement de préférer la seconde; car il est possible qu'en l'employant, il prévienne, avec l'aide de son garant, l'éviction dont il est menacé; et, dans tous les cas, il lui reste loisible de conclure subsidiairement contre son vendeur à la restitution de son prix et à des dommages-intérêts.

Si, au lieu de délaisser ou de subir l'expropriation forcée, le tiers-détenteur aime mieux payer le créancier poursuivant, il sera prudent aussi, qu'avant le paiement, il mette en cause le débiteur principal, afin que celui-ci puisse faire valoir toutes les exceptions inhérentes à la dette qui lui sont ouvertes contre la poursuite hypothécaire.

CHAPITRE IV.

De l'exception cedendarum actionum.

SOMMAIRE.

74. Fondement de l'exception *cedendarum actionum*.
75. Nature et effets de cette exception. Cas dans lequel elle se rencontre.
76. Suite.
77. Quand l'exception doit être proposée.
78. L'exception peut être opposée même aux créanciers non poursuivants.
79. Le tiers-détenteur qui, par erreur, a payé une somme plus forte que celle à laquelle il pouvait, par l'exception *cedendarum actionum*, faire réduire la demande du créancier, obtient-il pour la répétition de cet excédant la condiction de l'indû? — Premier cas.
80. Suite. — Second cas.

74. L'exception *cedendarum actionum* est spéciale à l'hypothèse où le tiers-détenteur entend s'affranchir des poursuites au moyen du paiement de la créance. Elle est recevable toutes les fois que le créancier poursuivant a, par son fait, rendu impossible la subrogation pleine et entière du tiers-détenteur dans tous ses droits et actions contre le débiteur principal ou contre les autres détenteurs d'immeubles hypothéqués à la même dette. Cette subrogation est, en effet, un avantage que la loi elle-même accorde à l'acquéreur qui emploie le prix de son acquisition au paiement des créanciers auxquels l'héritage par lui acquis était hypothéqué (art. 1251, 2°); et bien que, dans ses termes, l'art. 1251, 2°, ne semble prévoir que le cas de purge, il est évident que sa disposition doit s'appliquer également au tiers-détenteur qui, sans purger, consent à payer la dette, soit que son prix d'acquisition soit inférieur ou supérieur à cette dette, et qu'il ait ou non déjà été payé à son vendeur. Le détenteur peut d'ailleurs aussi se trouver dans la position déterminée par l'al. 1er de notre art. 1251; il peut être lui-même créancier, et payer, pour s'affranchir des poursuites, un créancier qui lui est préférable à raison de ses priviléges ou hypothèques. Mais, quels que soient, d'une part, sa position juridique, et d'autre part, les motifs qui le décident à désintéresser le poursuivant, il est en droit de demander son entière subrogation dans les droits et actions de celui-ci.

75. L'exception *cedendarum actionum* est péremptoire de sa nature, puisqu'elle tend à faire repousser, non pour un temps, mais pour toujours, les poursuites hypothécaires.

Il ne faudrait pas croire toutefois que le tiers-détenteur puisse dans tous les cas s'en faire un moyen pour demander l'annulation absolue de la poursuite. Elle ne produirait cet effet que dans le cas où, l'hypothèque recherchée entre les mains du tiers-détenteur n'étant constituée que *in subsidium*, le créancier aurait, par sa faute ou sa négligence, laissé périr le gage principal qui devait lui assurer le paiement de sa créance; soit qu'il eût négligé de prendre ou de renouveler son inscription, ou que, postérieurement à la vente de l'immeuble qui lui était engagé à titre principal, il n'ait point produit à l'ordre ouvert sur le prix, soit enfin que l'on puisse le convaincre de toute autre négligence sans laquelle il n'eût point perdu son droit principal. Le tiers-détenteur sera alors tenu de faire une double preuve; il devra établir d'abord que le créancier a été négligent, et ensuite, que le gage qu'il a perdu par sa faute aurait suffi pour le couvrir de ses prétentions.

Mais, en dehors de cette hypothèse, le tiers-détenteur n'obtiendra par l'exception *cedendarum actionum* qu'une réduction proportionnelle de la demande du créancier; car, si les droits de celui-ci sont encore garantis par d'autres immeubles possédés par le débiteur principal lui-même, ou par d'autres tiers-détenteurs, il n'en résulte pas qu'il ne puisse, dès à présent, agir contre moi, à cause des immeubles hypothéqués que j'ai en ma possession. Seulement, en payant la dette, j'obtiendrai un recours contre les autres détenteurs d'immeubles hypothéqués pour les contraindre à m'indemniser de mes débours, chacun dans la proportion de la valeur des immeubles qu'il détient, par rapport à celle de l'ensemble des biens hypothéqués. Si ce recours est devenu impossible, à l'égard de tous ou de quelques-uns, par la faute du poursuivant, je ne serai tenu de lui payer que la somme pour laquelle je devais moi-même contribuer à la dette, et celles dont je pourrai encore obtenir le remboursement au moyen de l'action récursoire; pour le surplus, le créancier devra supporter seul la perte à laquelle il s'est volontairement exposé.

76. M. Troplong cite comme un troisième cas de l'exception *cedendarum actionum* l'hypothèse où le créancier possède lui-même des héritages qui ont été hypo-

théqués à sa dette[1]. Alors, en effet, comme le fait remarquer l'éminent magistrat, il est impossible que le créancier fasse cession pleine de ses actions. Toutefois, en considérant les choses de près, on ne tarde point à s'apercevoir que cette hypothèse diffère essentiellement des précédentes. Jusqu'ici nous avons vu le créancier conserver sa créance, son droit personnel et perdre seulement une portion plus ou moins considérable de son droit hypothécaire. Il n'en est point de même dans le cas actuel : en devenant propriétaire d'un immeuble qui lui était hypothéqué, le créancier n'a pas seulement perdu son hypothèque, mais il a encore éteint sa créance par la confusion, au moins jusqu'à concurrence de la somme pour laquelle son rang hypothécaire lui assure une collocation utile sur le prix de l'immeuble. Le tiers-détenteur excipera donc contre lui, non point de l'impossibilité où il se trouve de céder ses actions, mais bien de l'extinction totale ou partielle de sa créance. L'effet de cette exception sera de faire entièrement annuler la poursuite, si la créance est éteinte pour le tout, ou, si elle ne l'est que pour une partie, de faire réduire la demande du créancier dans les limites de ce qui lui est légitimement dû. S'il n'a point été procédé à l'ordre entre les créanciers, le tiers-détenteur sera en droit de suspendre son paiement, jusqu'à ce que, par une collocation régulière, la créance du poursuivant soit devenue liquide. Seulement il pourra alors arriver, si le créancier a acquis la propriété de l'immeuble par suite d'une aliénation volontaire, et s'il notifie son contrat, qu'il soit évincé par l'effet d'une réquisition de mise aux enchères : dans ce cas, les choses seront replacées au même état que si la propriété n'avait jamais résidé sur sa tête ; le

1. M. Troplong, Des hypoth., III, nos 789 *ter* et 807.

tiers-détenteur ne pourra plus invoquer la confusion qui s'était opérée dans la personne du poursuivant; mais il obtiendra l'exception *cedendarum actionum*, si celui-ci s'est mis par son fait dans l'impossibilité de lui céder tous ses droits et actions contre le nouvel acquéreur.

77. La loi n'a pas déterminé le délai dans lequel l'exception *cedendarum actionum* doit être proposée; il faut donc admettre qu'elle pourra l'être tant que les poursuites ne seront point arrivées à leur fin; c'est là une conséquence directe du principe de l'art. 2173 du Code Napoléon, en vertu duquel le tiers-détenteur peut, jusqu'à l'adjudication, reprendre l'immeuble, en payant la dette et les frais. Or, les actes qui ont pour résultat de consommer la poursuite hypothécaire sont l'adjudication et le paiement.

78. Mais, si ce point ne peut faire doute, il en est deux autres encore sur lesquels nous devons arrêter un instant notre attention. Il s'agit de savoir : 1° si le tiers-détenteur peut opposer l'exception *cedendarum actionum* aux créanciers non-poursuivants, dans le cas où il est tenu de les désintéresser pour obtenir la cessation des poursuites; 2° si le tiers-détenteur, qui a payé par erreur une somme plus forte que celle à laquelle il pouvait, au moyen de l'exception *cedendarum actionum*, faire réduire les prétentions des créanciers poursuivants ou non-poursuivants, est autorisé à répéter cet excédant par la condiction de l'indû.

Pour la première question, la raison de douter est dans le rôle purement passif du créancier non poursuivant : il ne demande pas son paiement; il est, au contraire, sollicité de le recevoir. On pourrait donc penser que le tiers-détenteur doit lui offrir l'intégralité de sa créance, sans autres déductions que celles auxquelles le débiteur principal serait autorisé. Mais ce raisonnement ne serait que spécieux. Il aboutirait d'ailleurs à une inconséquence grave, puisqu'il diviserait, sans motif sérieux et réel, les créanciers en deux classes distinctes; et qu'il accorderait précisément aux créanciers demeurés inactifs des droits plus étendus qu'au créancier diligent qui, en veillant à ses intérêts, a en même temps fait l'affaire de tous les autres. Nul ne saurait être tenu d'offrir à son créancier plus que celui-ci ne pourrait réclamer de lui par voie d'action ou d'exécution; il faut donc considérer comme un point certain que les offres du tiers-détenteur seront satisfactoires, pourvu qu'elles ne soient pas inférieures à la somme pour laquelle le créancier pourrait efficacement exercer des poursuites contre lui.

79. La seconde question peut s'élever dans deux hypothèses différentes : ou bien l'immeuble détenu par le tiers-acquéreur n'était hypothéqué que subsidiairement, et le gage principal avait péri par la faute du créancier, sans que ce fait fût parvenu à la connaissance du tiers-acquéreur, ou bien le tiers-détenteur ignorait seulement, au moment où il a payé le créancier, que d'autres immeubles dussent contribuer avec le sien.

Dans le premier cas, il est clair que le tiers-détenteur n'était plus tenu d'aucune obligation; aussi n'avons-nous pas hésité à lui reconnaître le droit de conclure, par l'exception *cedendarum actionum*, à l'annulation absolue de la poursuite dirigée contre lui (voy. *supra*, n° 75). Ce cas rentre donc pleinement dans les termes de l'art. 1376 du Code Napoléon, suivant lequel celui qui a acquitté une dette dont, par erreur, il se croyait tenu, a le droit de répétition contre le créancier; car, d'une part, le tiers-détenteur a payé par erreur; et d'autre part, il a payé ce qu'il ne devait pas. Seulement il ne lui suffira pas de prouver son erreur; il devra encore justifier que l'exception *cedendarum actionum* existait à son profit de telle façon, qu'il eût pu obtenir sans aucune réserve son renvoi de la poursuite.

80. Il en sera tout autrement dans la seconde hypothèse. Nous avons déjà vu (nº 78) combien est restreint, dans cette hypothèse, l'effet de l'exception qui compète au tiers-détenteur. Quoiqu'il obtienne un recours contre les autres détenteurs d'immeubles affectés à la même dette, son héritage n'en répond pas moins du paiement de cette dette; or, aux termes de l'art. 2114 du Code Napoléon, «l'hypothèque est, de sa nature, indivisible, «et subsiste en entier sur tous les immeubles affectés, «*sur chacun* et *sur chaque portion* de ces immeubles.» *Est tota in toto, et tota in qualibet parte.* Le créancier était donc parfaitement en droit de poursuivre son hypothèque sur chacun des immeubles qui en étaient grevés, et le tiers-détenteur qui a payé l'intégralité de la dette, quoiqu'il ne détînt qu'un ou plusieurs de ces immeubles, ne saurait prétendre qu'il a payé ce qu'il ne devait pas. Dès lors, il est manifeste que l'action en répétition de l'indû n'est point ouverte à son profit. Mais il va sans dire qu'il conservera son recours en indemnité tant contre le débiteur principal (art. 2178, C. N.) que contre les autres détenteurs d'héritages hypothéqués (art. 1251, 1°, 2°, C. N.), et qu'il pourra même, en cas de fraude, faire annuler tous les actes par lesquels le créancier aurait renoncé à son hypothèque vis-à-vis de l'un ou de l'autre de ces détenteurs.

PROPOSITIONS.

DROIT ROMAIN.

1. La femme mariée à un fils de famille tombe sous la *manus*, non point de son mari, mais du *paterfamilias* de celui-ci.

2. La promesse de donation faite par un époux à son conjoint ne devient pas, comme la donation réellement effectuée, valable par le prédécès de l'époux donateur.

3. Depuis la Novelle 115, l'enfant omis ou injustement exhérédé dans le testament de son père obtient une action en nullité, pour faire annuler ce testament quant à l'institution d'héritier.

4. Les interdits *retinendæ possessionis* eurent d'abord pour objet de déterminer, dans la procédure formulaire, le rôle à jouer par chacune des parties pendant l'action en revendication.

DROIT CIVIL FRANÇAIS.

1. La possession d'état ne fait point preuve de la filiation naturelle, ni à l'égard du père, ni même à celui de la mère.

2. L'héritier, donataire ou légataire en avancement d'hoirie, qui renonce à la succession, perd son droit à la réserve, et ne peut retenir le don ou le legs que jusqu'à concurrence de la quotité disponible.

3. La quotité disponible à laquelle doivent être réduites les libéralités excessives contenues soit dans des donations entre-vifs, soit dans des testaments, soit dans des institutions contractuelles, doit toujours être dé-

terminée d'après la loi qui domine à l'époque du décès du gratifiant.

4. L'obligation alimentaire ne se transmet point passivement contre les héritiers du débiteur décédé.

DROIT CRIMINEL.

1. La résistance avec violence et voies de fait envers un agent de la force publique, agissant pour l'exécution d'un mandat de justice, constitue le délit de rébellion, alors même que le mandat dont il s'agit est entaché d'un vice de forme, ou qu'il émane d'un magistrat incompétent.

2. Le mari poursuivi pour adultère peut repousser les poursuites dirigées contre lui, en justifiant de l'adultère de sa femme.

DROIT PUBLIC.

1. Les tribunaux administratifs sont seuls compétents pour connaître des demandes en indemnité, à raison de dommages, permanents ou temporaires, résultant de l'exécution de travaux publics.

2. Le droit de guerre entre les nations n'a pas d'autre raison d'être que celui de la légitime défense entre les individus : toute guerre est illégitime, tant qu'elle n'a pas pour objet immédiat de repousser une agression injuste contre la souveraineté d'une nation ou de ses alliés.

FIN.

Vu par nous président de la thèse.
Strasbourg, ce 4 juillet 1854.
CH. RAU.

Vu par le doyen.
C. AUBRY.

Vu :
Le Recteur : AL. DONNÉ.

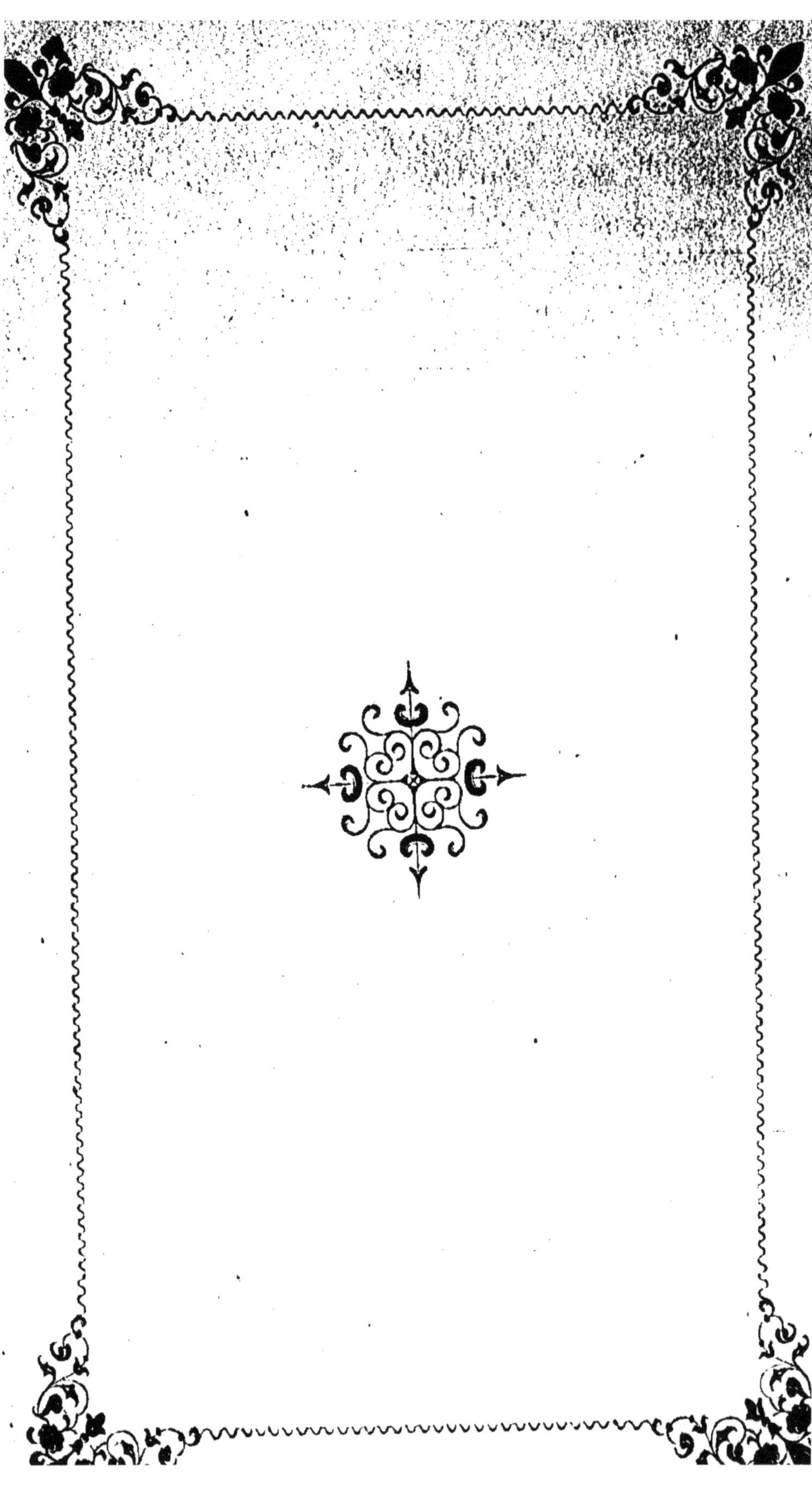

www.ingramcontent.com/pod-product-compliance
Ingram Content Group UK Ltd.
Pitfield, Milton Keynes, MK11 3LW, UK
UKHW020329230726
13925UKWH00002B/701

9 782013 471824